Thomas Kalkus-Promitzer

50 Impulse
für ein gelingendes Leben

Impressum

© 2025 Thomas Kalkus-Promitzer

Covergestaltung und Illustrationen:
DI Konrad Promitzer - kpdesign.at

Bibliografische Information der Deutschen
Nationalbibliothek: Die Deutsche Nationalbibliothek
verzeichnet diese Publikation in der Deutschen
Nationalbibliografie; detaillierte bibliografische Daten sind im
Internet über http://dnb.dnb.de abrufbar.

Die automatisierte Analyse des Werkes, um daraus
Informationen insbesondere über Muster, Trends und
Korrelationen gemäß §44b UrhG („Text und Data Mining") zu
gewinnen, ist untersagt.

Verlag: BoD · Books on Demand GmbH, Überseering 33,
22297 Hamburg, bod@bod.de

Druck: Libri Plureos GmbH, Friedensallee 273, 22763
Hamburg
ISBN: 978-3-7693-5654-0

Inhaltsverzeichnis

Einleitung

Willkommen zu diesem Buch, das dir Impulse geben möchte, dein Leben zufriedener und erfüllter zu gestalten. Jeder Mensch erlebt im Laufe seines Lebens Herausforderungen, Zeiten der Veränderung und Momente der Unsicherheit. Vielleicht stehst du gerade an einem Wendepunkt, hast das Gefühl, dass sich etwas ändern muss, oder suchst nach neuen Wegen, um mehr innere Ruhe und Zufriedenheit zu finden. Dieses Buch möchte dich dabei begleiten, inspiriert von Erkenntnissen, Erfahrungen und praktischen Anregungen, die dir helfen können, deinen eigenen Weg zu einem erfüllten Leben zu gehen.

Ich lade dich ein, dir wirklich Zeit zu nehmen für diese Reise. Vielleicht nimmst du Stift und Papier zur Hand und beantwortest jene Fragen, die dich auf irgendeine Weise ansprechen, tiefgehend und ehrlich. So kannst du die Impulse nicht nur lesen, sondern sie aktiv in deinem Leben verankern.

Jeder Mensch erlebt in seinem Leben Momente der Verzweiflung, in denen die Welt dunkel erscheint und kein Ausweg sichtbar ist. Doch egal, wie tief die Nacht, der Morgen wird kommen. Dieses Buch soll ein Lichtblick für jene sein, die sich in schwierigen Zeiten befinden. Es soll dir Mut machen, weiterzugehen, auch wenn die Kräfte schwinden. Eine Krise ist oft wie ein Sturm auf hoher See - unkontrollierbar, furchteinflößend und scheinbar endlos. Doch auch der stärkste Sturm legt sich irgendwann. In diesen Momenten ist es wichtig, sich daran zu erinnern, dass Veränderung Teil des Lebens ist. Schmerz und Unsicherheit bedeuten nicht das Ende, sondern sind oft der Anfang von etwas Neuem. Erfahrungen zeigen, dass gerade in schweren Zeiten oft eine verborgene Stärke in uns erwacht. Krisen zwingen uns, innezuhalten und uns selbst zu hinterfragen. Wer bin ich wirklich? Was will ich? Und was kann ich tun, um mein Leben in eine Richtung zu lenken, die mir mehr Erfüllung bringt? Die Antworten auf diese Fragen sind nicht immer sofort greifbar, aber sie warten darauf, entdeckt zu werden.

Veränderung ist ein natürlicher Bestandteil unseres Lebens. Manchmal suchen wir sie aktiv, manchmal wird sie uns von außen auferlegt. In beiden Fällen kann sie eine Quelle von Wachstum und Entwicklung sein. Es geht nicht darum, Schwierigkeiten zu vermeiden, sondern darum, einen Umgang mit ihnen zu finden, der dich stärkt, anstatt dich zu schwächen. Wie du auf Herausforderungen reagierst, welche Perspektiven du einnimmst und welche Entscheidungen du triffst, hat großen Einfluss darauf, ob du dich als Opfer der Umstände fühlst oder als Gestalter deines eigenen Lebens.

In solchen Zeiten helfen kleine Schritte. Kein Berg wird an einem einzigen Tag erklommen, keine Wunde heilt sofort. Aber jeder noch so kleine Schritt nach vorne ist ein Schritt in Richtung Heilung. Es beginnt mit der Entscheidung, nicht aufzugeben, sondern weiterzugehen - auch wenn es nur ein winziger Schritt ist. Oft hilft es, Routinen zu schaffen, sich an positiven Gedanken festzuhalten oder sich Unterstützung zu holen. Es gibt viele Wege, sich selbst durch eine Krise zu führen. Manche finden Trost im Schreiben, andere in der Natur, in der Meditation oder in Gesprächen mit

Menschen, die ihnen wohlgesonnen sind. Wichtig ist, dass du dich nicht allein fühlst. Es gibt immer jemanden, der dir zuhört, der dich versteht und der dich auf deinem Weg begleitet.

Dieses Buch möchte dir wertvolle Anregungen geben, wie du schwierige Phasen bewältigen, persönliche Veränderungen meistern und neue Perspektiven entwickeln kannst. Dabei geht es nicht um Patentrezepte oder schnelle Lösungen, sondern um nachhaltige Veränderungen, die du Schritt für Schritt in dein Leben integrieren kannst.

Vielleicht fragst du dich: Warum ist Zufriedenheit so wichtig? Weil sie dir hilft, ein Leben zu führen, das sich für dich stimmig anfühlt. Zufriedenheit bedeutet nicht, dass alles immer perfekt ist, sondern dass du mit den Herausforderungen des Lebens so umgehst, dass sie dich nicht aus der Bahn werfen. Es bedeutet, deine eigene innere Stärke zu erkennen und zu nutzen, anstatt dich von äußeren Umständen bestimmen zu lassen. Es bedeutet auch, den Mut zu haben, dein Leben aktiv zu gestalten, anstatt nur zu reagieren. Dieses Buch wird dir helfen, neue Perspektiven zu gewinnen und deine Haltung gegenüber dem Leben bewusster zu gestalten. Ich lade dich ein, dich auf diesen Weg einzulassen. Nimm dir Zeit für die einzelnen Kapitel, lasse die Impulse auf dich wirken und experimentiere mit den Anregungen. Manche Gedanken werden dich vielleicht sofort ansprechen, andere erfordern ein tieferes Nachdenken. Sei offen für neue Erfahrungen und gönne dir den Raum, den du für deine persönliche Entwicklung brauchst.

Du musst dieses Buch nicht von vorne bis hinten

durchlesen. Vielmehr kannst du es ganz spontan in die Hand nehmen und dort weiterlesen, wo dich gerade ein Thema anspricht. Jedes Kapitel steht für sich und kann dir in unterschiedlichen Lebenssituationen neue Impulse geben. Vielleicht ist heute ein bestimmtes Thema wichtig für dich, morgen ein anderes. Lass dich leiten von dem, was dich im Moment am meisten anspricht.

Vielleicht wirst du feststellen, dass schon kleine Veränderungen große Wirkung zeigen können. Ein neuer Blickwinkel, eine bewusstere Entscheidung, eine kleine Handlung im Alltag - all das kann dazu beitragen, mehr Zufriedenheit in dein Leben zu bringen. Die Reise beginnt jetzt. Lass uns gemeinsam losgehen.

Denke daran: Jede noch so schwere Phase im Leben ist vergänglich. Was heute aussichtslos erscheint, kann morgen schon neue Perspektiven eröffnen. Es braucht Zeit, Geduld und Vertrauen in deinen eigenen Weg. Die Dunkelheit mag stark sein, aber das Licht in dir ist stärker.

Möge dieses Buch dir Hoffnung und Kraft schenken - für deinen ganz persönlichen Weg in ein gelungenes Leben. Und vielleicht kennst du jemanden, dem es gerade nicht gut geht, der vor Herausforderungen steht oder sich in einer schwierigen Phase befindet. Dieses Buch kann ein Zeichen der Unterstützung sein - ein Geschenk, das zeigt: „Ich denke an dich, du bist nicht allein." Manchmal kann ein kleiner Impuls von außen eine große Veränderung bewirken.

01. Ermutigung

Ich bin zutiefst davon überzeugt, dass alles, was du zur Veränderung brauchst, bereits in dir schlummert. Vielleicht spürst du es nicht immer, vielleicht hast du Momente des Zweifels, in denen du glaubst, nicht stark genug zu sein. Doch tief in dir steckt eine ungeahnte Kraft. Die Antworten auf deine Fragen, die Lösungen für deine Herausforderungen - all das trägst du bereits in dir. Niemand kennt dich so gut wie du selbst. Niemand weiß besser, was du erlebt hast, was dich geprägt hat und welche Sehnsüchte in deinem Herzen wohnen. Deine Gedanken, deine Ängste, deine Hoffnungen - sie alle sind Teile von dir und machen dich zu dem einzigartigen Menschen, der du bist.

Denke einen Moment über dein bisheriges Leben nach. Du hast Höhen und Tiefen durchlebt, hast Rückschläge ertragen und bist immer wieder aufgestanden. Vielleicht gab es Phasen, in denen du geglaubt hast, nicht mehr weitermachen zu können. Und doch bist du noch hier. Das ist der Beweis, dass du stärker bist, als du vielleicht annimmst. Deine Erfahrungen sind nicht bloß Erinnerungen - sie sind wertvolle Ressourcen. Sie haben dich wachsen lassen, dich gelehrt, wie du mit Schwierigkeiten umgehen kannst. Auch wenn es sich manchmal nicht so anfühlt, tragen sie eine ungeheure Kraft in sich. Eine Kraft, die du jederzeit nutzen kannst.

Es kann sein, dass du dich manchmal ausgeliefert fühlst. Als würdest du nur von den Wellen des Lebens hin und her geworfen, ohne wirklich Einfluss darauf nehmen zu können. Vielleicht hast du das Gefühl, das Ruder längst verloren zu haben. Doch selbst wenn du diesen Halt gerade nicht spürst - ich glaube an dich. Und manchmal reicht es, wenn nur eine einzige Person an uns glaubt, bis wir es selbst tun können. Vielleicht kannst du diesen Gedanken für einen Moment zulassen: dass du fähiger, mutiger, stärker bist, als du dir selbst zugestehst.

Leben bedeutet Veränderung. Nichts bleibt, wie es ist. Manchmal sehnen wir uns nach Beständigkeit, danach, dass die schönen Momente für immer andauern. Doch das Leben ist ein Fluss, kein stehendes Gewässer. Es bewegt sich, es verändert sich - und wir mit ihm. Wir können nicht auf eine Pausentaste drücken, können nicht einfach eine perfekte Szene einrahmen und für immer darin verweilen. Aber genau das gibt uns auch die Möglichkeit, immer wieder neu zu entscheiden. Zu gestalten. Zu wachsen. Das Leben zwingt uns zur Bewegung - und in dieser Bewegung liegt eine große Chance.

Vielleicht zweifelst du daran, dass du dein Leben aktiv verändern kannst. Vielleicht hält dich die Angst zurück - Angst vor dem Unbekannten, Angst zu scheitern, Angst, nicht gut genug zu sein. Doch erinnere dich: In der Vergangenheit hast du bereits so viele Herausforderungen gemeistert. Und auch wenn du es vielleicht nicht sofort erkannt hast, warst du es, der sich durch diese Zeiten hindurchgekämpft hat. Warum also solltest du es dieses Mal nicht schaffen? Der erste Schritt zur Veränderung ist, genau hinzusehen. Was hält dich zurück? Welche Gedanken begleiten dich? Was wäre möglich, wenn du dich traust, einen neuen Weg einzuschlagen?

Oft stehen wir uns selbst im Weg. Wir zweifeln, wir

machen uns kleiner, als wir sind. Wir fürchten das Unbekannte mehr als eine unbefriedigende Gegenwart. Doch wenn du zurückblickst, wirst du sehen: Du hast bereits viele schwierige Situationen gemeistert. Du hast Wege gefunden, bist gewachsen, hast Lösungen entdeckt. Du bist nicht machtlos. Im Gegenteil - du besitzt alles, was du brauchst. Manchmal hilft es, sich Unterstützung zu holen, sei es durch Gespräche oder den Austausch mit anderen. Doch genauso wichtig ist es, nicht von dieser Unterstützung abhängig zu werden. Wenn jemand uns immer wieder rettet, verlernen wir, uns selbst zu vertrauen. Und das wäre schade, denn du bist zu weit mehr fähig, als du vielleicht denkst.

Veränderung erfordert Mut. Den Mut, alte Muster zu hinterfragen. Den Mut, neue Wege zu beschreiten, auch wenn sie noch unbekannt sind. Vielleicht fühlt es sich an, als würdest du ins Leere treten, ohne zu wissen, was dich erwartet. Vielleicht hast du Angst, Fehler zu machen. Doch Fehler sind keine Niederlagen - sie sind Lektionen. Jeder Fehler bringt dich weiter. Jeder kleine Schritt ist ein Fortschritt. Es geht nicht darum, perfekt zu sein. Es geht darum, weiterzumachen, auch wenn es schwierig wird.

Vergiss nicht, deine Erfolge zu feiern, auch die kleinen. Viel zu oft übersehen wir, wie weit wir bereits gekommen sind. Wir sind unsere eigenen härtesten Kritiker, halten uns vor, was noch nicht perfekt ist, statt zu sehen, was wir bereits erreicht haben. Doch du verdienst es, deine Fortschritte anzuerkennen. Jeder bewusste Schritt, jede Entscheidung, jede noch so kleine Veränderung ist ein Zeichen deiner inneren Stärke.

Ja, Zweifel sind normal. Sie sind ein Teil jeder Veränderung. Aber sie bedeuten nicht, dass du aufgeben solltest. Im Gegenteil - sie sind ein Zeichen, dass du dich auf unbekanntes Terrain wagst. Und genau dort liegt dein größtes Potenzial. Viele Menschen verharren in Situationen, die sie nicht glücklich machen, weil sie Angst vor dem Ungewissen haben. Doch die Wahrheit ist: Niemand ist perfekt. Niemand hat von Anfang an alle Antworten. Fehler sind keine Zeichen des Scheiterns, sondern des Wachsens.

Erfolg beginnt mit einer Entscheidung - der Entscheidung, Verantwortung für das eigene Leben zu übernehmen. Es ist einfach, äußere Umstände oder andere Menschen für die eigene Situation verantwortlich zu machen. Doch wahre Veränderung beginnt in uns selbst. Sobald du deine Gedanken und Handlungen bewusst steuerst, wirst du merken, wie viel Einfluss du tatsächlich hast. Dein innerer Dialog spielt dabei eine Schlüsselrolle. Wie sprichst du mit dir selbst? Unterstützt du dich oder kritisierst du dich ständig? Dein Selbstgespräch beeinflusst maßgeblich, wie du dich fühlst und welche Entscheidungen du triffst. Sei freundlich zu dir selbst. Würdest du zulassen, dass jemand anderes so hart mit dir spricht, wie du es manchmal mit dir selbst tust?

Vielleicht hilft es dir, ein Tagebuch zu führen, um deine Fortschritte sichtbar zu machen. Notiere deine Gedanken, deine kleinen Erfolge, deine Erkenntnisse. Schreibe auf, was gut läuft, wofür du dankbar bist. Es mag banal klingen, aber diese Reflexion kann dir helfen, deine innere Stärke immer wieder bewusst wahrzunehmen. Und vor allem: Sei geduldig mit dir.

Veränderung geschieht nicht über Nacht. Es ist ein Prozess, der Zeit braucht. Neue Gewohnheiten entwickeln sich nicht von heute auf morgen, alte Denkmuster lösen sich nicht in einem Augenblick auf. Es ist in Ordnung, wenn nicht alles sofort gelingt. Wichtig ist nur, dass du dranbleibst. Jeder kleine Schritt zählt.

Vertraue dir. Du hast bereits so viele Herausforderungen gemeistert, oft ohne es überhaupt bewusst wahrzunehmen. Doch du hast es geschafft - und du wirst es wieder schaffen. Alles, was du brauchst, steckt bereits in dir. Jetzt ist es an der Zeit, diesen Schatz zu heben, deine innere Kraft zu erkennen und deinen eigenen Weg mit Mut und Zuversicht zu gehen.

Ich glaube an dich. Und ich hoffe, dass du es bald auch tust.

Dein Licht

In dir brennt ein leises Feuer,
manchmal klein, doch niemals fort.
Es trägt dich durch dunkle Nächte,
führt dich stets an einen Ort.

Wo du zweifelst, wächst Vertrauen,
wo du stolperst, stehst du auf.
Jeder Schritt, so unscheinbar,
führt dich weiter - Stück für Stück.

Hab den Mut, nach vorn zu sehen,
lass die Angst nicht länger siegen.
Denn in dir - so tief verborgen -
liegt die Kraft, dein Glück zu schmieden.

02. Es ist alles schon vorhanden

Die meisten Menschen verbringen ihr Leben damit, im Außen nach Glück zu suchen. Sie glauben, dass Zufriedenheit etwas ist, das man erreichen, besitzen oder verdienen muss. Sie setzen sich Ziele, verfolgen Träume, arbeiten hart, um sich ein Leben zu erschaffen, das ihren Vorstellungen von Glück entspricht. Doch immer wieder kommt der Moment, in dem sich ein Gefühl der Leere einstellt. Ein leiser Zweifel schleicht sich ein: War das schon alles?

Vielleicht kennst du das. Vielleicht hast du das Gefühl, dass du längst "da" sein solltest - an einem Punkt, an dem alles gut ist, an dem du zufrieden bist, an dem das Leben endlich leicht wird. Und doch fehlt etwas. Vielleicht kannst du es nicht einmal genau benennen. Du schaust dich um und stellst fest, dass du vieles erreicht hast, was du dir einst gewünscht hast. Und trotzdem ist da eine Unruhe, eine Sehnsucht nach mehr.

Wir wurden darauf konditioniert zu glauben, dass Glück etwas ist, das wir uns erarbeiten müssen. Dass wir es uns verdienen müssen. Von klein auf lernen wir, dass Erfolg, Geld, Besitz oder Anerkennung uns letztlich zu einem erfüllten Leben führen. Doch all das sind Illusionen. Kein Job, keine Beziehung, keine Errungenschaft wird je das Gefühl von Leere dauerhaft füllen. Denn Glück ist nichts, was von außen kommt. Es ist etwas, das aus unserem Inneren entspringt.

Und dennoch verbringen wir so viel Zeit damit, es genau dort zu suchen, wo es nicht zu finden ist. Wir heften unser Wohlbefinden an äußere Umstände. Wir denken:

Wenn ich erst den richtigen Partner finde, dann bin ich glücklich. Wenn ich genug Geld verdiene, dann fühle ich mich sicher. Wenn ich endlich meinen Traumjob habe, dann bin ich erfüllt. Aber was passiert, wenn wir diese Dinge tatsächlich erreichen?

Oft erleben wir einen kurzen Moment der Zufriedenheit. Vielleicht spüren wir für eine Weile Freude und Erleichterung. Doch dann gewöhnen wir uns daran. Das Glücksgefühl verblasst, und wir suchen nach dem nächsten Ziel, nach der nächsten Errungenschaft, nach dem nächsten "Wenn-dann", das uns endlich das geben soll, wonach wir uns sehnen.

Wir hetzen von einem Ziel zum nächsten, ohne jemals wirklich anzukommen. Und das liegt nicht daran, dass wir nicht genug erreicht hätten. Es liegt daran, dass wir am falschen Ort suchen. Stell dir einmal vor, du würdest für einen Moment innehalten. Stell dir vor, du würdest nicht mehr im Außen nach dem suchen, was du in dir selbst finden kannst. Stell dir vor, du würdest die Frage "Was macht mich glücklich?" nicht mehr mit Dingen oder äußeren Umständen beantworten, sondern mit etwas, das in dir liegt.

Es mag herausfordernd sein, diesen Gedanken zuzulassen. Denn wir fürchten uns davor, nach innen zu schauen. Wir haben Angst, dass wir dort nichts finden. Oder schlimmer noch: Dass wir dort Dinge finden, denen wir uns nicht stellen wollen. Doch genau dort beginnt die wahre Reise. Die Suche nach Glück ist nicht eine Suche nach "mehr". Sie ist eine Reise zu dem, was bereits da ist. Alles, was du wirklich brauchst, ist längst in dir. Die Liebe, nach der du suchst, ist bereits da. Der

Frieden, den du ersehnst, existiert in dir. Die Sicherheit, die du im Außen suchst, kannst du nur in dir selbst finden.

Der Grund, warum so viele Menschen unglücklich sind, ist nicht, dass sie nicht genug haben. Es ist, dass sie nie gelernt haben, mit sich selbst in Frieden zu sein. Sie sind immer im Außen, immer auf der Suche, immer in Bewegung - aber sie nehmen sich nie die Zeit, wirklich bei sich selbst anzukommen.

Wenn du glücklich sein willst, musst du aufhören, das Glück an Bedingungen zu knüpfen. Du musst aufhören zu glauben, dass du erst noch etwas erreichen, besitzen oder verändern musst. Glück ist keine Belohnung für harte Arbeit. Es ist kein Ziel, das du eines Tages erreichst. Es ist ein Zustand des Seins, der in jedem Moment zugänglich ist - wenn du bereit bist, ihn zuzulassen.

Das bedeutet nicht, dass du keine Träume haben oder nach Veränderung streben sollst. Aber es bedeutet, dass du dein Glück nicht davon abhängig machen darfst. Wahres Glück ist unabhängig von äußeren Umständen. Es ist ein innerer Zustand, den du entwickeln kannst - indem du lernst, mit dir selbst im Reinen zu sein.

Dafür braucht es Stille. Es braucht den Mut, innezuhalten. Es braucht die Bereitschaft, nach innen zu schauen, anstatt sich von äußeren Ablenkungen vereinnahmen zu lassen. Viele Menschen meiden die Stille, weil sie fürchten, was sie dort finden. Aber genau in dieser Stille liegt oft die Antwort. Denn nur wenn du dir selbst begegnest, kannst du wirklich erkennen, was dich erfüllt.

Frage dich: Wer bin ich, wenn alles Äußere wegfällt? Wer bist du, wenn du nichts mehr beweisen musst? Wenn du nichts mehr erreichen musst? Wenn niemand zusieht, niemand urteilt, niemand Erwartungen an dich hat?

Manche definieren sich über ihre Erfolge, ihre Rollen, ihr Ansehen. Doch all das sind Konstrukte. Sie sind nicht das, was dich im Kern ausmacht. Sie sind nicht das, was dir wahre Erfüllung bringt. Glück beginnt dort, wo du aufhörst, dich selbst zu bekämpfen. Es beginnt, wenn du aufhörst zu glauben, dass du erst "genug" sein musst. Dass du erst noch irgendetwas tun musst, bevor du dich gut fühlen darfst. Du bist bereits genug. Genau jetzt. Genauso, wie du bist.

Wenn du das erkennst, wird sich dein Leben verändern. Du wirst nicht mehr abhängig davon sein, was im Außen passiert. Du wirst nicht mehr auf Bestätigung oder Erfolg warten, um dich wertvoll zu fühlen. Du wirst verstehen, dass wahre Zufriedenheit aus deinem Inneren kommt - aus der Art, wie du dich selbst annimmst, wie du mit dir umgehst, wie du dein eigenes Leben lebst.

Dann wird das Außen nicht mehr darüber bestimmen, ob du glücklich bist oder nicht. Dann wird das Glück nicht mehr eine Karotte sein, die du jagst, sondern etwas, das tief in dir verwurzelt ist.

Und dann wirst du erkennen, dass du nie irgendwohin rennen musstest. Dass du nie etwas "werden" musstest. Dass du bereits alles in dir trägst, wonach du je gesucht hast.

Du bist das Glück, nach dem du dich sehnst. Und es war

immer da. Es wartet nur darauf, dass du es endlich siehst.

Du musst nicht länger suchen. Du musst nicht warten, bis etwas im Außen sich verändert. Alles, wonach du dich sehnst - Frieden, Liebe, Erfüllung - ist bereits in dir. Es war nie verloren. Es war nie außerhalb deiner Reichweite.

Der Schlüssel liegt nicht darin, mehr zu werden, sondern darin, zu erkennen, wer du bereits bist. In dem Moment, in dem du aufhörst zu kämpfen, in dem du beginnst, dich selbst anzunehmen, so wie du bist, wird sich das Leben verändern. Du wirst nicht mehr im Mangel leben, sondern in der Fülle dessen, was du in dir trägst. Du wirst nicht mehr das Glück im Morgen suchen, sondern es im Heute finden.

Atme tief ein. Spüre diesen Moment. Spüre dich selbst.

Du bist angekommen.

Hier. Jetzt. In dir.

03. Geborgenheit erleben

Gefühle sind eine zutiefst körperliche Erfahrung. Wir spüren sie mit all unseren Sinnen. Sie durchfluten uns - manchmal leise und sanft, manchmal stürmisch und überwältigend. Sie kennen keine Vergangenheit. Eine Erinnerung, die mit Emotionen verknüpft ist und wieder ins Bewusstsein dringt, wird nicht als blasses Bild wahrgenommen, sondern als unmittelbares Erleben. In genau diesem Moment.

Vielleicht kennst du das: Ein bestimmter Duft, eine Melodie, ein vertrauter Ort - und plötzlich bist du wieder dort. Nicht nur mit deinen Gedanken, sondern mit deinem ganzen Sein. Dein Herz schlägt schneller, deine Haut reagiert, dein Körper erinnert sich. So funktioniert unser emotionales Gedächtnis. Gefühle können aus der Vergangenheit stammen, doch sie wirken immer im Jetzt. Das gilt auch für Geborgenheit. Wenn sie fehlt, dann fehlt sie jetzt. Dann tut es in diesem Moment weh. Und wenn wir sie spüren, ist sie nicht nur eine abstrakte Idee, sondern ein tiefes, körperliches Wohlgefühl. Unsere Sehnsucht nach Geborgenheit beginnt mit dem ersten Atemzug. Wir verlassen die warme, sichere Welt des Mutterleibs und finden uns in einer kalten, fremden Umgebung wieder. Stell dir einen Taucher vor, der in einen unbekannten, dunklen Ozean eintaucht. Plötzlich verändert sich alles - die Temperatur, die Geräusche, die Empfindungen. Alles wirkt fremd, überwältigend und vielleicht beängstigend. Doch dann ist da etwas: zwei Arme, die uns halten. Eine Stimme, die beruhigend spricht. Eine sanfte Berührung, die uns sagt: „Du bist nicht allein."

Diese ersten Erfahrungen prägen uns mehr, als uns bewusst ist. Sie legen das Fundament für unser Urvertrauen - das Gefühl, dass die Welt ein sicherer Ort ist. Dass es jemanden gibt, der uns schützt. Dass wir gehalten werden, wenn wir fallen. Doch Geborgenheit ist nicht nur etwas, das wir in der frühen Kindheit brauchen. Sie begleitet uns ein Leben lang. Oder fehlt uns ein Leben lang, wenn wir sie nicht erfahren haben.

Oft verbinden wir Geborgenheit mit bestimmten Menschen oder Orten. Das Kinderzimmer, in dem wir uns unter der Bettdecke verstecken konnten. Omas Küche, in der es immer nach frisch gebackenem Kuchen roch. Der Arm einer vertrauten Person, in dem wir in schwierigen Momenten Trost fanden. Doch eigentlich ist Geborgenheit kein Ort. Sie ist ein Gefühl. Und Gefühle lassen sich nicht immer festhalten. Manchmal erleben wir Geborgenheit an unerwarteten Orten - in einem fremden Land, wenn uns ein Lächeln begegnet, das uns willkommen heißt. Oder in einer Begegnung mit einem fast unbekannten Menschen, der uns in einem verletzlichen Moment genau das gibt, was wir gerade brauchen. Manchmal hingegen sind wir von vertrauten Menschen umgeben und fühlen uns trotzdem fremd und verloren. Dann merken wir, dass Geborgenheit nicht nur davon abhängt, wer da ist, sondern wie wir uns fühlen.

Unsere Sinne sind wie feine Fäden, aus denen das Netz der Geborgenheit gewoben ist. Schon als Neugeborene reagieren wir auf Gesichter und suchen die Blicke der anderen. Warum? Weil wir uns darin selbst erkennen. Ein Blick, der uns wahrnimmt. Ein Lächeln, das uns meint. Das ist die erste Sprache der Geborgenheit. Und nicht nur das Sehen verbindet uns. Erinnerst du dich an die Geschichten, die dir früher erzählt wurden? An das sanfte Singen, das dich beruhigt hat? Es spielte keine Rolle, ob es perfekt klang. Entscheidend war, dass jemand für dich da war. Die vertraute Stimme war ein Versprechen: Du bist nicht allein. Auch Berührung spielt eine wesentliche Rolle. Ein Kind, das gestreichelt, umarmt und gehalten wird, entwickelt nicht nur mehr Vertrauen in sich selbst, sondern auch in die Welt. Menschen, die Geborgenheit durch Berührung erfahren, können sich später oft besser selbst beruhigen. Sie tragen dieses Gefühl in sich.

Und wie ist es mit dir? Gibt es eine Berührung, eine Stimme oder einen bestimmten Geruch, der dich sofort in einen Zustand der Sicherheit versetzt? Vielleicht das Streicheln über den Handrücken. Ein sanftes Drücken der Schulter. Ein Duft, der dich an deine Kindheit erinnert. Geborgenheit bedeutet Nähe, aber keine erzwungene. Sie bedeutet, sich anlehnen zu können, nicht zu müssen. Getragen zu werden, ohne festgehalten zu sein. Stell dir zwei Bäume vor: Ihre Wurzeln sind tief verankert, ihre Stämme stehen stabil, und ihre Kronen berühren sich sanft im Wind. Sie spenden sich gegenseitig Schutz, ohne sich die Luft zum Wachsen zu nehmen. So fühlt sich echte Geborgenheit an. Ein Raum, in dem du dich sicher fühlst, ohne eingeengt zu sein. Ein Ort, an dem du sein kannst, wer du bist, ohne dich verstellen zu müssen.

Unsere moderne Welt macht es oft schwer, Geborgenheit zu finden. Die Hektik des Alltags, die ständige Erreichbarkeit, die digitale Kommunikation - all das kann dazu führen, dass wir uns entfremdet fühlen.

Doch Geborgenheit ist kein Zufall. Sie entsteht dort, wo wir uns Zeit nehmen. Für uns selbst und für andere. Wenn du mit jemandem sprichst, ohne auf dein Handy zu schauen, schenkst du ihm das Gefühl, wirklich gesehen zu werden. Wenn du dich an kleine Rituale erinnerst, etwa das gemeinsame Frühstück oder einen Spaziergang am Abend, holst du ein Stück Sicherheit in deinen Alltag zurück. Und wenn du dir erlaubst, innezuhalten, dich zu spüren und bewusst zu atmen, kannst du Geborgenheit in dir selbst finden. Denn das ist vielleicht die wichtigste Erkenntnis: Geborgenheit kommt nicht immer von außen. Sie beginnt in uns.

Wer Geborgenheit erfährt, kann sie weitergeben. Und vielleicht ist das eine der schönsten Möglichkeiten, unser Leben zu gestalten - anderen das Gefühl zu geben, dass sie willkommen sind, genauso wie sie sind. Manchmal braucht es dafür keine großen Gesten. Ein offenes Ohr. Eine sanfte Berührung. Ein ehrliches „Ich bin da für dich." Oft bewirkt das mehr, als wir ahnen. Denn am Ende ist Geborgenheit genau das: ein unsichtbares Netz, das uns hält. Ein Netz aus Blicken, Berührungen und Worten, die uns sagen: „Du bist nicht allein." Vielleicht können wir alle ein Stück dieses Netzes sein - für uns selbst und für andere.

Geborgenheit

Ein sanftes Wort, ein warmer Blick,
ein leiser Trost im Augenblick.
Wenn alles draußen stürmisch schreit,
dann wächst in dir Geborgenheit.

Ein Ort, wo du dich fallen lässt,
wo du nicht stark sein musst - nur echt.
Wo keine Maske nötig ist,
weil du dort einfach du sein willst.

Geborgenheit - das leise Licht,
das durch die Ritzen Hoffnung bricht.
Ein Lächeln, das dich wieder fängt,
wenn Angst an deinen Fäden hängt.

Es ist kein Schloss, kein fester Bau,
doch mehr als Stein und Ziegelgrau.
Ein Herz, das dich in Liebe hält,
ist mehr als alle Macht der Welt.

Geborgenheit ist kein Besitz,
doch du erkennst sie - Stück für Stück.
Sie wohnt in dir, sie wächst mit Zeit,
ein stilles Heim: die Zärtlichkeit.

04. Nichts ist für die Ewigkeit

Mein Verstand weiß: Nichts auf dieser wunderbaren Welt ist für die Ewigkeit. Alles ist im Wandel und vergeht. Trotzdem wehrt sich mein Bauchgefühl hin und wieder dagegen. Es ist dieses leise, innere Aufbäumen gegen das Unvermeidliche, das mich manchmal innehalten lässt. Ich spüre die Unruhe, wenn sich Dinge verändern, selbst wenn mein Kopf längst verstanden hat, dass es zum Leben dazugehört.

Manche Veränderungen begegne ich mit Freude und Neugier, weil sie neue Möglichkeiten eröffnen, Chancen mit sich bringen oder einfach frischen Wind in mein Leben bringen. Andere hingegen stoßen mich vor den Kopf, reißen mich aus meiner Komfortzone und lassen mich zweifeln. Dann wünschte ich, ich könnte die Zeit anhalten oder gar zurückdrehen. Doch das Leben bleibt nicht stehen. Es zwingt uns, weiterzugehen, auch wenn wir uns nach Stillstand sehnen.

Seit meiner Geburt begleitet mich Veränderung. Trotzdem fällt es mir immer wieder schwer, sie anzunehmen. Damit bin ich nicht allein, denn Veränderung fordert uns alle heraus. Sie beginnt mit dem allerersten Übergang, dem Eintritt in diese Welt. Plötzlich ist es nicht mehr warm und geborgen wie im Mutterleib. Stattdessen blendet grelles Licht, kalte Luft streicht über die Haut, unbekannte Geräusche dringen ans Ohr. Und doch passen wir uns an. Wir lernen zu atmen, uns zu bewegen, Nahrung aufzunehmen. Schritt für Schritt erobern wir diese neue Welt.

Gerade als wir uns darin zurechtgefunden haben, erwarten uns die nächsten Herausforderungen. Der erste Tag im Kindergarten, der Wechsel in die Schule. Wieder heißt es, die sichere Zone zu verlassen und sich auf neue Menschen, neue Regeln, neue Umgebungen einzulassen. Wir lernen, Freundschaften zu schließen, Konflikte zu bewältigen, uns zu behaupten. Und dann, kaum haben wir uns daran gewöhnt, folgen neue Übergänge. Der Schulabschluss, die Ausbildung oder das Studium, der erste Job, die erste eigene Wohnung, vielleicht die erste große Liebe.

Jedes dieser Ereignisse bedeutet Veränderung. Jedes Mal müssen wir uns anpassen, Altes loslassen und Neues annehmen. Und es hört nie auf. Wir wechseln den Job, ziehen in eine andere Stadt, gründen eine Familie oder entscheiden uns bewusst dagegen. Wir erleben Trennungen, Verluste und stehen vor gesundheitlichen Herausforderungen. Irgendwann kommt der Tag, an dem wir uns auf das Leben nach dem Berufsalltag vorbereiten müssen. Der Ruhestand ist eine Phase, die wieder ganz eigene Anpassungen mit sich bringt.

Was für eine immense Kraft steckt doch in uns! Wie oft haben wir uns bereits gewandelt und wie viele Neuanfänge gemeistert! Manchmal ganz bewusst, voller Tatendrang und Freude. Manchmal aber auch gezwungenermaßen, widerwillig, mit einem Gefühl der Ohnmacht. Doch selbst wenn wir uns wehren, Veränderung geschieht trotzdem.

In meinen Beratungen begegne ich immer wieder Menschen, die unter den Umständen ihres Lebens leiden. Sie sind unglücklich in ihrer Arbeit, gefangen in Beziehungen, die ihnen nicht guttun, oder verzweifelt über ihre eigene Lebenssituation. Trotzdem bleiben sie, wo sie sind. Das Unbekannte macht ihnen mehr Angst als das, was sie bereits kennen, selbst wenn es sie unglücklich macht.

Ich staune über die immense Leidensfähigkeit, die Menschen aufbringen können. Sie tragen Lasten mit sich herum, halten aus und erklären sich selbst, warum es so sein muss. Sie finden Ausreden, sie begründen, sie akzeptieren. Doch tief in ihnen spüren sie, dass es nicht mehr weitergeht. Irgendwann ist der Punkt erreicht, an dem sie zu zerbrechen drohen. Erst dann suchen sie nach Hilfe.

Warum tun wir uns so schwer damit, Hilfe anzunehmen? Warum schämen wir uns, wenn wir an unsere Grenzen stoßen? In unserer Gesellschaft herrscht die Vorstellung, dass wir alles allein schaffen müssen. Viele glauben, es sei ein Zeichen von Schwäche, um Unterstützung zu bitten. Doch ist das wirklich so? Ist es nicht vielmehr eine große Stärke, sich einzugestehen, dass wir nicht alles allein bewältigen können?

Wir Menschen sind soziale Wesen. Wir sind füreinander da, wir helfen uns gegenseitig. Wir nehmen Anteil, wir trösten, wir stehen einander bei. Das ist keine Schwäche, sondern Menschlichkeit. Dennoch fällt es vielen so schwer, sich zu öffnen und zuzugeben: "Ich brauche Unterstützung. Ich kann das nicht allein." Genau darin liegt oft der erste Schritt zur Veränderung. Die Erkenntnis, dass wir nicht alles allein stemmen müssen, kann vieles erleichtern.

Es braucht Mut, den ersten Schritt zu tun. Es braucht Kraft, gewohnte Pfade zu verlassen und sich auf das Ungewisse einzulassen. Doch diese Kraft steckt in uns. Jeder von uns hat sie schon unzählige Male bewiesen. Wir sind wandelbar, wir sind anpassungsfähig und wir können wachsen. Auch wenn es manchmal schmerzt und Überwindung kostet. Manchmal reicht es schon, sich bewusst zu machen: Ich darf Hilfe annehmen. Ich darf mich verändern. Ich darf mein Leben neu gestalten.

Am Ende ist das Leben nichts anderes als ein stetiger Wandel. Die einzige Konstante darin sind wir selbst. Mit all unseren Ängsten, all unseren Hoffnungen und all unserer Stärke. Vielleicht liegt genau darin die größte Freiheit. Zu erkennen, dass wir nicht den Stillstand fürchten sollten, sondern die ungenutzten Chancen, die das Leben uns immer wieder bietet.

Das Leben fließt, es bleibt nicht stehen,
ein steter Wandel, stets vergehen.
Was gestern galt, ist heut verweht,
und morgen schon ein neuer Weg.

Wir fürchten oft, was noch nicht war,
die leere Straße, ungeklärt,
doch liegt darin die Möglichkeit,
die Chance, die uns stets gewährt.

Nicht Stillstand soll uns Sorgen machen,
nicht Angst vor dem, was kommen mag,
sondern die Wege, die wir meiden,
die Chancen, die vergehen sacht.

Drum öffne dich dem Wind der Zeiten,
sei selbst Konstante in der Flut,
mit Hoffnung, Mut und allen Kräften -
denn Wandel ist, was Leben tut.

05. Gefühle sind zum Fühlen da

Es gibt Tage, an denen dein Inneres so ruhig ist wie ein stiller See. Das Wasser bleibt klar, die Luft warm, die Oberfläche unbewegt. Alles scheint im Gleichgewicht zu sein, mühelos und sanft. Gedanken kommen und gehen, ohne dass sie eine Spur hinterlassen. Die Welt trägt dich, als würde sie dich sanft in ihren Armen wiegen. Es sind Momente der Leichtigkeit, in denen du dich in Harmonie mit dir selbst und deiner Umgebung fühlst. Eine tiefe Zufriedenheit breitet sich in dir aus und du wünschst dir, dass es immer so bleiben könnte.

Doch dann gibt es auch die anderen Tage. Tage, an denen Stürme über das Wasser fegen, Wellen mit brachialer Kraft an die Ufer schlagen und dein inneres Gleichgewicht völlig ins Wanken gerät. Chaos breitet sich aus und Unsicherheit übernimmt das Kommando. Plötzlich erscheinen selbst einfache Entscheidungen schwer, alles wirkt unkontrollierbar und drückend. Dein Inneres gleicht einem aufgewühlten Meer, in dem Orientierung unmöglich scheint. Fragen tauchen auf, die keine Antwort zu haben scheinen. Wieso ist heute alles so anders? Warum fühlt sich plötzlich alles schwer an? Wo ist die Ruhe geblieben?

Wir alle tragen diese Gegensätze in uns: Stille und Sturm, Freude und Trauer, Hoffnung und Angst. Unser Leben ist nicht konstant und doch sehnen wir uns oft nach permanenter Ruhe. Nach einem immerwährenden blauen Himmel ohne Schatten, nach Stabilität ohne Schwankungen. Vielleicht liegt es daran, dass wir gelernt haben, bestimmte Gefühle zu unterdrücken. Vielleicht, weil wir glauben, dass wir nur dann wertvoll oder

„richtig" sind, wenn wir glücklich, produktiv und ausgeglichen erscheinen.

Doch Emotionen sind keine Fehler, die es zu korrigieren gilt. Sie sind kein Störfaktor, sondern ein natürlicher Teil unseres Seins. Sie sind wie die Jahreszeiten oder der Wechsel von Tag und Nacht. Unvermeidbar, notwendig, lebendig. Sie kommen und gehen, manchmal sanft, manchmal stürmisch. Und das ist in Ordnung. Wir sind nicht dazu geschaffen, ständig in einem Zustand der absoluten Ruhe zu verharren. Bewegung, Veränderung und Schwankung sind Teil dessen, was uns lebendig macht.

Manchmal überkommt dich eine tiefe Traurigkeit, ohne dass du einen klaren Grund dafür benennen kannst. Eine Schwere legt sich über dich und du fühlst dich leer, obwohl dein Leben im Äußeren unverändert scheint. An anderen Tagen spürst du Wut in dir aufsteigen, doch du erlaubst dir nicht, sie zu zeigen. Vielleicht wurde dir beigebracht, dass Wut etwas Negatives ist, dass sie vermieden werden sollte. Vielleicht hast du Angst davor, was passiert, wenn du sie zulässt. Und dann gibt es diese Momente, in denen selbst Freude sich schwer anfühlt, weil du befürchtest, sie könnte nicht von Dauer sein.

Doch was wäre, wenn du aufhören würdest, dich gegen diese Gefühle zu wehren? Was, wenn du sie nicht als Feinde betrachten würdest, sondern als Botschafter deines Inneren? Stell dir vor, deine Emotionen wären Reisende, die an deine Tür klopfen. Manche empfängst du mit offenen Armen: Freude, Liebe, Vertrauen. Andere würdest du am liebsten draußen lassen: Angst, Unsicherheit, Enttäuschung. Doch egal, ob du die Tür öffnest oder nicht, sie sind bereits da. Wenn du sie ignorierst, verschwinden sie nicht. Stattdessen werden sie lauter und drängender, suchen andere Wege, um sich bemerkbar zu machen. Sie sind hartnäckig, weil sie eine Botschaft für dich haben.

Wenn du jedoch die Tür öffnest und ihnen einen Platz anbietest, verlieren sie oft ihren bedrohlichen Charakter. Vielleicht setzen sie sich einfach nur hin. Vielleicht erzählen sie dir etwas über dich, das du bisher übersehen hast. Vielleicht ziehen sie weiter, sobald sie wahrgenommen wurden. Gefühle wollen nicht zerstören, sie wollen verstanden werden. Sie sind kein Gegner, den es zu besiegen gilt, sondern ein Kompass, der dich tiefer in dein eigenes Inneres führt.

Nimm die Angst. Sie gehört zu den intensivsten Emotionen. Sie kann dich lähmen, einengen und dir das Gefühl geben, gefangen zu sein. Doch ihre Aufgabe ist es, dich zu schützen. Sie ist ein Wächter, der Alarm schlägt, wenn er Gefahr wittert. Manchmal ist diese Bedrohung real, manchmal ist sie nur ein Echo der Vergangenheit, ein Schatten einer alten Wunde, die noch nicht geheilt ist. Wenn du der Angst zuhörst, anstatt sie zu verdrängen, kannst du sie fragen: „Was willst du mir sagen? Wovor willst du mich warnen? Ist die Gefahr echt oder nur ein Echo?" Mit der Zeit wirst du erkennen, dass du nicht gegen sie kämpfen musst. Du kannst mit ihr sprechen. Du kannst ihr zuhören. Und du kannst sie gehen lassen.

Ähnlich verhält es sich mit der Wut. Sie ist eine mächtige Kraft, doch wir haben gelernt, sie zu unterdrücken. Wir sollen nicht zu laut sein, nicht zu aufbrausend, nicht zu forderend. Doch Wut hat eine Funktion. Sie zeigt, wenn eine Grenze überschritten wurde. Sie ruft: „Hier stimmt etwas nicht! Das ist nicht fair! Ich will gehört werden!" Wird diese Stimme unterdrückt, verwandelt sich Wut in Frustration, in innere Unruhe oder Resignation. Doch wenn wir ihr zuhören, kann sie uns zeigen, wo wir für uns selbst einstehen müssen. Sie kann uns dazu bringen, Veränderungen zu schaffen, die längst überfällig sind.

Und dann ist da die Traurigkeit. Sie ist wie ein sanfter Regen, der vertrocknetes Land bewässert. Sie hilft uns, loszulassen, Abschied zu nehmen und zu verarbeiten. Manchmal ist sie überwältigend, manchmal leise und schleichend. Oft zeigt sie uns, wie tief unsere Verbundenheit mit etwas oder jemandem ist. Sie ist kein Zeichen von Schwäche, sondern Ausdruck von Liebe, von Tiefe, von Menschlichkeit. Es gibt Momente, in denen Weinen mehr bedeutet als nur Trauer. Es ist ein Befreiungsschlag. Tränen lösen Spannungen, lassen dich durchatmen und schaffen Raum für Neues. Sie nehmen dir nichts weg, sie geben dir etwas zurück.

Und schließlich gibt es die Freude. Sie ist das, wonach wir alle streben. Doch oft übersehen wir, dass sie nicht nur in großen, außergewöhnlichen Momenten steckt. Sie lebt in den kleinen Dingen. Im Lächeln eines geliebten Menschen, im ersten Sonnenstrahl nach einem langen Winter oder in der Stille eines frühen Morgens. Sie ist nicht nur ein Ziel in der Zukunft. Sie ist hier, in diesem Moment, wenn du bereit bist, sie wahrzunehmen.

Vielleicht ist das die wichtigste Erkenntnis über unsere Gefühle: Sie alle haben ihren Platz. Wir sind nicht nur dann „richtig", wenn wir glücklich sind. Wir sind ebenso echt, wenn wir traurig sind, wenn wir wütend sind oder wenn wir zweifeln. Es gibt kein falsches Fühlen. Es gibt nur das, was gerade da ist, und das ist immer berechtigt.

Du bist kein unvollständiges Puzzle, das erst perfekt zusammengesetzt werden muss. Du bist nicht fehlerhaft, weil du fühlst. Du bist lebendig. Und genau das macht dich vollkommen. Vielleicht ist es an der Zeit, dir selbst mit mehr Mitgefühl zu begegnen. Dir zu erlauben, all deine Gefühle anzunehmen, ohne dich dafür zu verurteilen. Es geht nicht darum, gegen dich selbst zu kämpfen. Es geht darum, dich in den Arm zu nehmen, genauso, wie du bist.

Denn du bist nicht falsch. Du bist einfach nur Mensch. Und das ist genug.

Lass zu, was in dir lebt und klingt,
was weht, was leuchtet, was schmerzt und singt.
Umarme dich sanft, so wie du bist -
du bist genug. Vergiss das nicht.

Umarme dich sanft, so wie du bist -
du bist genug. Vergiss das nicht.
Und wenn dein Herz in Zweifel bricht,
vertraue dir - verlier dich nicht.

06. Glück lässt sich üben!

Glück und Zufriedenheit sind kein Zufallsprodukt. Sie entstehen durch bewusste Entscheidungen, Denkweisen und Gewohnheiten. Oft glauben wir, dass unser Glück von äußeren Umständen abhängt, doch Studien zeigen: Ein großer Teil unseres Wohlbefindens liegt in unseren eigenen Händen. Vielleicht hast du schon erlebt, wie eine kleine Veränderung große Auswirkungen auf dein Empfinden hatte. Ein neues Hobby, eine geänderte Morgenroutine oder das bewusste Wahrnehmen von Glücksmomenten kann dein gesamtes Lebensgefühl langfristig verbessern.

Der Schlüssel dazu liegt in gezielten Übungen, die dein Gehirn trainieren, Glück nicht als flüchtigen Moment zu sehen, sondern als bewusst herbeiführbaren Zustand. Glück ist eine Fähigkeit, die du aktiv trainieren kannst, genauso wie du Muskelkraft aufbauen oder eine neue Sprache lernen kannst. Unser Gehirn besitzt eine bemerkenswerte Plastizität, was bedeutet, dass es sich je nach unseren Gedanken, Gefühlen und Handlungen verändern kann. Je häufiger du dich auf positive Erlebnisse fokussierst, desto stärker werden die neuronalen Verknüpfungen, die Glücksmomente in deinem Bewusstsein verstärken.

Unser Gehirn verbindet Emotionen mit bestimmten Reizen. Nutze dies für dich! Wähle einen persönlichen Glücksanker - ein Armband, einen Stein oder einen anderen Gegenstand, den du oft bei dir trägst. Jedes Mal, wenn du einen Moment der Freude erlebst, berühre deinen Glücksanker bewusst und atme tief ein. Mit der Zeit wird dein Gehirn diesen Gegenstand mit positiven Gefühlen verknüpfen, sodass du ihn als Glücksauslöser nutzen kannst. So kannst du dir Glücksmomente aktiv ins Bewusstsein rufen, selbst an Tagen, die herausfordernd erscheinen.

Anstatt schwierige Situationen als Belastung zu sehen, kannst du sie als Gelegenheit zur persönlichen Entwicklung betrachten. Frage dich: "Was kann ich aus dieser Situation lernen?" oder "Welche neue Perspektive ergibt sich?" Studien zeigen, dass Menschen, die Herausforderungen aktiv umdeuten, langfristig widerstandsfähiger und zufriedener sind. Diese Technik wird auch als kognitive Neubewertung bezeichnet und hilft nachweislich dabei, Stress abzubauen und eine optimistischere Lebenseinstellung zu entwickeln. Wer in schwierigen Momenten nicht nur das Problem sieht, sondern auch die Chance zur Weiterentwicklung erkennt, wird langfristig weniger von negativen Emotionen dominiert.

Bewusstes Loben verstärkt nicht nur die Bindung zu anderen, sondern steigert auch dein eigenes Wohlbefinden. Mache es dir zur Gewohnheit, täglich mindestens einer Person ein aufrichtiges Kompliment zu geben. Dabei geht es nicht um oberflächliches Lob, sondern um echte Wertschätzung. Wenn du bewusst bemerkst, was andere Menschen gut machen, trainierst du dein Gehirn darauf, dich auf positive Aspekte zu konzentrieren. Das verstärkt nicht nur dein eigenes Glück, sondern verbessert auch deine sozialen Beziehungen. Studien zeigen, dass Menschen, die regelmäßig Lob aussprechen, eine positivere Grundeinstellung entwickeln und weniger Stress empfinden.

Oft sind es kreisende Gedanken, die uns das Glücksgefühl rauben. Eine einfache Methode, um den Kopf freizubekommen: Schreibe fünf Minuten lang alle Gedanken ungefiltert auf ein Blatt Papier. Danach zerreiße es oder wirf es weg. Dies signalisiert deinem Unterbewusstsein, dass du belastende Gedanken loslassen kannst. Diese Methode wird oft als "Gedanken-Detox" bezeichnet und hilft, den Geist zu entlasten. Studien zeigen, dass das physische Wegwerfen von geschriebenen Gedanken das mentale Loslassen erleichtert und die Klarheit fördert.

Glück entsteht oft dort, wo wir es nicht erwarten. Durchbrich deine Gewohnheiten: Probier ein neues Gericht, wähle einen anderen Weg zur Arbeit oder sprich mit einer Person, die du sonst nicht beachten würdest. Solche kleinen Mikroabenteuer können dein Belohnungssystem aktivieren und dir ungeahnte Glücksmomente bescheren. Dein Gehirn liebt neue Erfahrungen, denn sie regen die Dopaminausschüttung an, ein Botenstoff, der mit Freude und Motivation verbunden ist. Indem du bewusst kleine Neuheiten in deinen Alltag integrierst, trainierst du dein Gehirn, offener und neugieriger zu sein - Eigenschaften, die nachweislich mit einer erhöhten Lebenszufriedenheit einhergehen.

Stelle ein leeres Glas an einen sichtbaren Ort. Notiere jeden Tag eine Situation, die dich glücklich gemacht hat, und wirf den Zettel hinein. An schlechten Tagen kannst du einen Zettel herausziehen und dich daran erinnern, dass Glück immer wieder in dein Leben kommt. Diese Technik wird oft in der Positiven Psychologie eingesetzt, um Dankbarkeit zu trainieren. Dankbarkeit ist eine der wirkungsvollsten Strategien, um langfristig Zufriedenheit zu steigern. Wer sich regelmäßig bewusst macht, was gut läuft, reduziert nachweislich negative Gedankenmuster und entwickelt eine optimistischere Haltung.

Einmal im Monat: Notiere drei Dinge, in denen du dich verbessert hast - sei es im Beruf, in deinen Beziehungen oder im Umgang mit dir selbst. Viel zu oft fokussieren wir uns auf das, was wir noch nicht erreicht haben, statt zu erkennen, wie weit wir schon gekommen sind. Dein Glücksempfinden steigt, wenn du dir deine Erfolge bewusst machst. Menschen, die ihre Fortschritte dokumentieren, sind motivierter, neue Herausforderungen anzugehen, und entwickeln eine gesunde, nachhaltige Selbstzufriedenheit.

Glück entsteht nicht durch große Veränderungen, sondern durch viele kleine Entscheidungen, die du jeden Tag triffst. Indem du dein Bewusstsein auf positive Erlebnisse lenkst und gezielt Glücksgewohnheiten aufbaust, kannst du dein Wohlbefinden nachhaltig steigern. Welche Übung wirst du heute ausprobieren? Erinnere dich daran: Glück ist keine Frage des Zufalls, sondern eine Fähigkeit, die du jeden Tag trainieren kannst. Es ist eine bewusste Entscheidung, wie du dein Leben wahrnimmst, und du hast die Macht, diese Entscheidung immer wieder zu treffen.

07. Einer, der sich um andere kümmert

Ich bin ein Mensch, der sich kümmert. Ein „Kümmerer" durch und durch. Es liegt mir im Blut, ist tief in meinem Wesen verankert, ein fester Bestandteil meiner Identität. Mein Alltag ist davon geprägt, für andere da zu sein - beruflich, ehrenamtlich, privat. Doch es ist keine Last. Im Gegenteil. Es fühlt sich selbstverständlich an, ja, manchmal sogar wie eine Berufung. Menschen in schwierigen Zeiten zu begleiten, ihnen Halt zu geben, wenn sie ins Straucheln geraten, ist für mich keine Pflicht, sondern eine Herzensangelegenheit. Ich sehe Sinn darin. Ich spüre Erfüllung.

Ob in meiner Arbeit mit Klienten, bei Einsätzen in akuten Krisensituationen oder in meinem persönlichen Umfeld - ich bin da. Ohne zu zögern, ohne lange nachzudenken. Selbst wenn mich ein Anruf mitten in der Nacht aus dem Schlaf reißt, bin ich auf den Beinen. Ich ziehe mich an, fahre los und begleite die Polizei, um eine Todesnachricht zu überbringen. Ich tröste, halte aus, bleibe, so lange meine Anwesenheit gebraucht wird. Es gibt keinen Moment des Zweifelns. Ich funktioniere. Ich gebe. Und oft merke ich gar nicht, wie viel ich dabei von mir selbst weggebe.

Aber dann gibt es diesen einen Menschen, um den ich mich viel zu selten kümmere - mich selbst. Ich weiß, dass es wichtig wäre, doch allzu oft rückt meine eigene Fürsorge in den Hintergrund. Dabei müsste ich es eigentlich besser wissen. Ich habe gelernt, dass Selbstfürsorge keine Option, sondern eine Notwendigkeit ist. Ich kann nur dann wirklich für andere da sein, wenn ich auch für mich selbst sorge. Und trotzdem passiert es immer wieder: Ich stelle meine eigenen Bedürfnisse zurück, übersehe meine Grenzen und laufe Gefahr, mich zu erschöpfen.

Doch warum? Warum fällt es mir so schwer, mir selbst die gleiche Aufmerksamkeit zu schenken wie anderen? Vielleicht, weil es bedeutet, „Ja" zu mir zu sagen - und damit manchmal „Nein" zu jemand anderem. Zeit ist nicht unendlich. Jede Stunde, jede Minute, jede Sekunde kann ich nur einmal vergeben. Wenn ich sie dir schenke, dann tue ich das aus Überzeugung, aus Mitgefühl, aus Liebe. Aber wenn ich mich dabei selbst vergesse, wenn meine Kraftreserven schwinden, dann droht die Gefahr, dass ich irgendwann nicht mehr geben kann. Dann wird aus Fürsorge Überforderung. Dann wird aus Hingabe Erschöpfung.

Viele, die sich als „Kümmerer" erleben, tragen tief in sich ein Muster, das nicht immer bewusst ist. Sie helfen nicht nur, weil es ihnen Freude bereitet, sondern weil es eine tiefere, oft unbewusste Prägung gibt.

Psychologisch betrachtet beginnt diese Prägung oft in der Kindheit. Manche Menschen wachsen in Familien auf, in denen sie früh Verantwortung übernehmen müssen - für Geschwister, für überforderte Eltern oder für das emotionale Gleichgewicht des Haushalts. In solchen Fällen wird das Kümmern zu einer Überlebensstrategie. Das Wohl der anderen wird zum Maßstab für die eigene Existenz.

Ein Begriff aus der Psychologie beschreibt dieses Phänomen sehr treffend: „Parentifizierung". Kinder, die früh lernen, dass ihre eigenen Bedürfnisse nachrangig sind, übernehmen Verantwortung für die emotionale Stabilität der Eltern. Sie trösten, vermitteln, bemühen sich, Spannungen abzubauen. Und sie lernen schnell: Ihre Zuwendung, ihr Kümmern, ihre Fähigkeit, für andere da zu sein, sichert ihnen Anerkennung.

Dieses Muster setzt sich oft bis ins Erwachsenenalter fort. Wer früh verinnerlicht hat, dass Liebe und Wertschätzung eng mit der Fähigkeit zu helfen verknüpft sind, empfindet Schuldgefühle, wenn er sich um sich selbst kümmert. Das Wort „Nein" fällt schwer. Selbstfürsorge fühlt sich egoistisch an.

Aber es gibt noch eine andere Dimension. Manchmal steckt hinter dem unermüdlichen Kümmern ein unerfülltes Bedürfnis. Wer in der eigenen Kindheit nicht ausreichend Liebe, Anerkennung und Geborgenheit erfahren hat, versucht, diese Leere im Erwachsenenalter zu füllen. Der Gedanke dahinter ist oft unbewusst: „Wenn ich für dich da bin, wenn ich dich tröste, wenn ich mich aufopfere, dann wirst du mich vielleicht auch lieben." Doch diese Rechnung geht nicht auf. Denn wahre Anerkennung entsteht nicht durch Selbstaufgabe. Und Liebe kann nicht durch endlose Fürsorge erkauft werden.

Ein weiteres Gefühl, das viele Helfende antreibt, ist das der Unentbehrlichkeit. Es fühlt sich gut an, gebraucht zu werden. Wer gebraucht wird, ist wichtig. Wer gebraucht wird, hat eine Aufgabe, einen Sinn.

Aber was passiert, wenn man sich einmal zurückzieht? Was geschieht, wenn man sich erlaubt, nicht für andere, sondern für sich selbst da zu sein? In solchen Momenten brechen oft tiefe Unsicherheiten auf. Plötzlich taucht die Frage auf: Wer bin ich, wenn ich nicht helfe? Was bleibt von mir übrig, wenn ich einmal nicht für andere da bin?

Diese Gedanken können beängstigend sein, weil sie uns zwingen, uns mit uns selbst auseinanderzusetzen. Ohne die Rolle des Helfers bleibt nur das nackte Ich - und das kann für viele erst einmal ungewohnt und fremd sein.

Ich habe erkannt, dass es möglich ist, eine Balance zu finden. Coaching, Supervision und Selbstreflexion helfen mir dabei, mich nicht zu verlieren. Doch es braucht noch mehr. Es braucht die Bereitschaft, in die eigene Vergangenheit zu blicken und sich ehrlich zu fragen: Warum tue ich das? Was suche ich im Kümmern? Welches Bedürfnis versuche ich damit zu stillen?

Und vor allem: Bin ich bereit, mir selbst das zu geben, was ich anderen so selbstverständlich schenke?

Selbstfürsorge ist kein Luxus. Sie ist die Grundlage für alles. Nur wenn ich in meiner Kraft bleibe, kann ich weiterhin für andere da sein. Nur wenn ich mich selbst nicht verliere, kann ich mit ganzem Herzen helfen, ohne mich dabei aufzureiben.

Es beginnt mit kleinen Schritten. Mit der bewussten Entscheidung, die eigenen Bedürfnisse ernst zu nehmen. Mit dem Mut, auch einmal „Nein" zu sagen. Mit dem Vertrauen darauf, dass ich auch dann wertvoll bin, wenn ich mich nicht aufopfere.

Es ist ein fortwährender Prozess, ein ständiges Lernen und Überprüfen. Aber ich weiß: Ein gesundes „Ja zu mir" ist die Voraussetzung dafür, mit voller Überzeugung „Ja zu dir" sagen zu können. Wenn ich mir erlaube, mir selbst mit der gleichen Fürsorge zu begegnen wie anderen, dann kommt mein Helfen aus einer anderen Quelle - aus innerer Fülle, nicht aus Mangel.

Der wahre Weg des Kümmerns beginnt mit der Selbstannahme. Mit der Erkenntnis, dass ich wertvoll bin - nicht wegen dem, was ich für andere tue, sondern einfach, weil ich bin.

Und erst wenn ich das begreife, kann ich mich wirklich auf gesunde Weise um andere kümmern.

Wie ein Baum, der tief verwurzelt steht,
der Wind und Regen gelassen überlebt,
erst wenn er sich selbst zu nähren weiß,
schenkt er Schatten, schenkt er Kreis.

08. Krisenintervention

Mitten in der Nacht zerreißt das schrille Klingeln des Telefons die Dunkelheit. Der Schlaf verflüchtigt sich augenblicklich, während ich nach dem Hörer greife. Noch bevor die Stimme am anderen Ende zu sprechen beginnt, weiß ich, dass dieser Anruf kein gewöhnlicher ist. Es ist wieder soweit: Ein plötzlicher Todesfall. Ein Mensch, der heute Morgen sein Haus verließ, wird nie wieder zurückkehren. Und ich bin es, der nun helfen soll, diese Nachricht zu überbringen.

Als Mitglied des Kriseninterventionsteams begleite ich die Polizei bei einem der schwersten Gänge, die man sich vorstellen kann. Wir sind diejenigen, die das Unfassbare aussprechen müssen, die in die Stille der Nacht Worte bringen, die das Leben von Menschen für immer verändern werden. Ich atme tief durch, ziehe meine Jacke über und mache mich auf den Weg. Draußen ist es still, die Straßen sind leer, als wäre die Welt noch ahnungslos gegenüber der Katastrophe, die sich in wenigen Minuten entfalten wird.

Vor der Tür des Hauses, das wir gleich betreten, halte ich einen Moment inne. Diese Sekunden, bevor das Unheil seinen Lauf nimmt, fühlen sich immer an, als würde die Zeit für einen kurzen Augenblick stillstehen. Mit einem festen, aber respektvollen Klopfen kündigt sich die Realität an. Zögernd öffnet sich die Tür, ein verschlafenes Gesicht schaut uns entgegen. Ein Moment des Friedens - dann trifft die Nachricht wie ein Sturm, der alles mit sich reißt.

Die Reaktionen sind immer unterschiedlich, und doch

folgen sie einem ähnlichen Muster. Erst ist da der Schock, das ungläubige Starren, das verzweifelte Suchen nach einem Zeichen, dass das alles nur ein Missverständnis ist. Dann die Erkenntnis, die sich wie kaltes Eisen in die Seele brennt. Tränen, Schreie, manchmal völlige Sprachlosigkeit. Die Welt der Angehörigen zerbricht in diesem Augenblick, ihre Realität wird in Stücke gerissen, und sie stehen vor einem Abgrund, den sie nicht einmal sehen können. Und wir sind da, um sie festzuhalten, um zu verhindern, dass sie fallen.

In diesen Momenten gibt es nichts, was den Schmerz wirklich lindern könnte. Es gibt keine Worte, die das Geschehene ungeschehen machen oder die den Verlust auch nur ansatzweise begreiflich erscheinen lassen. Alles, was wir tun können, ist da zu sein. Präsenz ist oft das Einzige, was zählt. Manchmal ist eine Hand auf der Schulter wirkungsvoller als jeder Trostversuch. Manchmal reicht es, einfach still mit ihnen zu sitzen, bis die Welle der Verzweiflung ein wenig abebbt.

Die ersten Stunden nach einer solchen Nachricht sind chaotisch. Gedanken überschlagen sich, Fragen tauchen auf, für die es keine Antworten gibt. "Warum?" - die wohl häufigste Frage, die wir hören. Doch es gibt keine befriedigende Antwort auf diese Frage. Wir können nur erklären, was passiert ist, versuchen, den Nebel aus Schock und Schmerz ein wenig zu lichten, Orientierung zu geben, wo gerade alles den Halt verliert.

Trauer ist wie ein Ozean. Manche Menschen gehen unter in ihren Gefühlen, kämpfen gegen die Wellen an, während andere sich treiben lassen und hoffen, dass irgendwann wieder Land in Sicht kommt. Jeder verarbeitet den Schmerz anders. Manche werden laut, andere ziehen sich vollkommen in sich zurück. Manche stellen tausend Fragen, andere bringen kein einziges Wort heraus. Und jede dieser Reaktionen ist richtig. Es gibt keinen richtigen oder falschen Weg, mit dem Unfassbaren umzugehen.

Meine Aufgabe ist es, in diesem Ozean ein Rettungsanker zu sein. Ein Stück Treibholz, an dem sich die Menschen für einen Moment festhalten können, bis sie wieder selbst schwimmen können. Ich helfe dabei, erste Schritte zu planen, zu klären, was als Nächstes passieren muss. Wer muss informiert werden? Was geschieht mit der Beerdigung? Wie können Freunde und Familie jetzt unterstützen? Die ersten 24 Stunden nach einem plötzlichen Verlust sind oft die schwersten, und es hilft, wenn jemand da ist, der zumindest einen kleinen Teil der Last mitträgt.

Nach mehreren Stunden verlasse ich das Haus wieder. Draußen beginnt der neue Tag, als wäre nichts geschehen. Die Welt dreht sich weiter, selbst wenn sie für die Hinterbliebenen stillzustehen scheint. Ich steige ins Auto, atme tief durch. Auch wenn dies nicht mein erster Einsatz war, bleibt jedes Mal ein Echo zurück. Die Schicksale, die ich begleite, lassen mich nicht immer sofort los. Sie verweilen in meinen Gedanken, tauchen in Träumen auf, bleiben als schwere Schatten in stillen Momenten.

Es gibt Tage, an denen mich das belastet, an denen ich mich frage, wie viel Schmerz ein Mensch ertragen kann, ohne daran zu zerbrechen. Doch dann erinnere ich mich daran, warum ich diese Arbeit mache. Weil es einen Unterschied macht. Weil niemand allein durch den Schmerz gehen sollte. Weil in der tiefsten Dunkelheit manchmal schon das Wissen, dass jemand da ist, ein erster Lichtstrahl sein kann.

Jeder neue Einsatz beginnt mit dem gleichen Anruf, dem gleichen schrillen Klingeln in der Nacht. Und jedes Mal gehe ich wieder los. Weil es Menschen gibt, die in ihrem schlimmsten Moment jemanden brauchen, der da ist. Jemanden, der das Unaussprechliche mit ihnen aushält, der in der Stille bleibt, wenn Worte versagen. Ich kann den Schmerz nicht nehmen, aber ich kann verhindern, dass er sie vollkommen überwältigt. Und das ist es wert.

09. Über den Wert sozialer Beziehungen

Stell dir einen Moment dein Leben ohne soziale Beziehungen vor. Keine Gespräche mit Freunden, keine Umarmung von geliebten Menschen, kein Austausch von Gedanken und Gefühlen. Selbst wenn du materiellen Wohlstand hättest, würde dir etwas Wesentliches fehlen: Verbundenheit. Denn genau diese macht uns als Menschen aus. Wir sind soziale Wesen, tief verwoben in ein Netz aus Beziehungen, das unser Leben auf eine Weise bereichert, die sich mit Geld nicht kaufen lässt.

Soziale Beziehungen sind nicht nur angenehme Begleiterscheinungen unseres Alltags, sie sind essenziell für unser psychisches Wohlbefinden. Die Wissenschaft zeigt immer wieder, dass Menschen mit stabilen sozialen Bindungen gesünder, glücklicher und widerstandsfähiger sind. In schwierigen Zeiten geben uns Freunde, Familie oder enge Vertraute Halt, während positive soziale Interaktionen nachweislich unser Stressniveau senken. Wenn du dich nach einem herausfordernden Tag mit einer vertrauten Person austauschst, kannst du spüren, wie die Last leichter wird. Deine Sorgen erscheinen in einem anderen Licht, dein Kopf wird freier, dein Herz leichter. Die Macht der zwischenmenschlichen Verbindung ist real, und sie hat tiefgehende Auswirkungen auf unser Gehirn.

Psychologisch betrachtet sind Beziehungen ein Grundbedürfnis. Der berühmte Psychologe Abraham Maslow ordnete soziale Zugehörigkeit in seiner Bedürfnishierarchie direkt nach den Grundbedürfnissen wie Nahrung und Sicherheit ein. Wer sich einsam fühlt, leidet nicht nur emotional, sondern erlebt auch physiologische Konsequenzen. Einsamkeit ist vergleichbar mit physischem Schmerz - sie aktiviert dieselben Gehirnareale. Umgekehrt lösen positive soziale Kontakte die Ausschüttung von Oxytocin aus, auch bekannt als das Bindungshormon, das Vertrauen und Nähe fördert. Selbst ein Lächeln oder eine kurze Berührung kann das Wohlgefühl steigern. Beziehungen sind also mehr als nur angenehme Gesellschaft - sie sind ein Grundstein unserer psychischen und physischen Gesundheit.

Doch nicht jede Beziehung ist gleich wertvoll. Qualität geht über Quantität. Ein tiefgehendes, ehrliches Gespräch mit einer Person, die dich wirklich versteht, ist wertvoller als oberflächliche Kontakte mit vielen Menschen. Echte Verbindungen entstehen durch gegenseitiges Interesse, Zuhören und das Gefühl, sich authentisch zeigen zu dürfen. Wenn du weißt, dass du so sein kannst, wie du bist, ohne Angst vor Ablehnung, dann spürst du die wahre Kraft sozialer Bindungen.

Gerade in der heutigen Zeit, in der viele Interaktionen digital ablaufen, ist es umso wichtiger, echte Begegnungen zu pflegen. Soziale Medien suggerieren Nähe, können aber niemals die Tiefe eines echten Gesprächs ersetzen. Ein Chat mag bequem sein, doch er reicht nicht aus, um das tiefe Bedürfnis nach Nähe zu stillen. Der Blickkontakt, die Gestik, das Spüren der Präsenz eines Menschen - all das schafft eine emotionale Verbindung, die durch Bildschirme nur schwer ersetzt werden kann. Deshalb lohnt es sich, in die echten Beziehungen zu investieren, die im Alltag oft zu kurz kommen.

Vielleicht gibt es in deinem Leben Menschen, mit denen du dich schon lange nicht mehr getroffen hast. Vielleicht gibt es Kontakte, die du aus Bequemlichkeit vernachlässigt hast. Was hält dich davon ab, diesen Menschen eine Nachricht zu schreiben oder sie anzurufen? Es sind oft die kleinen Gesten, die eine große Wirkung haben. Eine liebevolle Nachricht, ein spontanes Treffen, ein ehrliches „Wie geht es dir?" kann mehr bewirken, als du vielleicht denkst.

Doch auch wenn soziale Beziehungen einen hohen Stellenwert haben, ist es wichtig, sich selbst nicht zu verlieren. Beziehungen sollten bereichern, nicht belasten. Wenn du dich in einem sozialen Gefüge wiederfindest, das dir mehr Energie raubt als gibt, ist es vielleicht an der Zeit, es zu überdenken. Es ist vollkommen legitim, dich von Menschen zu distanzieren, die dir nicht guttun. Eine gesunde Beziehung beruht auf Gegenseitigkeit - auf Geben und Nehmen.

Soziale Bindungen sind eine unerschöpfliche Quelle für Freude, Trost und Sinn. Sie machen das Leben lebenswert. Stell dir vor, du erreichst ein großes Ziel - vielleicht eine berufliche Errungenschaft oder einen persönlichen Meilenstein - aber niemand ist da, um sich mit dir zu freuen. Erfolg fühlt sich dann leer an. Die schönsten Momente im Leben gewinnen an Bedeutung, wenn sie geteilt werden. Freude verdoppelt sich, wenn du sie mit anderen erlebst, und Kummer wird halb so schwer, wenn du ihn nicht allein tragen musst.

10. Heftige Gewitter

Erinnerst du dich an die Gewitter deiner Kindheit? An jene Nächte, in denen der Himmel aufleuchtete, der Wind gegen die Fenster peitschte und das Dröhnen des Donners den Boden erbeben ließ? Draußen tobte das Chaos, doch drinnen saßen wir eng beieinander, das Licht ausgeschaltet, die Stecker aus den Steckdosen gezogen. So hatten wir es gelernt, damit der Blitz nicht „durch die Leitung fuhr".

Dann begann das Warten. Wir zählten die Sekunden zwischen Blitz und Donner. Eins, zwei, drei… Jedes verstrichene Herzklopfen bedeutete, dass das Unwetter sich entfernte. Erst wenn das Grollen leiser wurde, wagten wir es, wieder tief durchzuatmen. Damals fühlten wir uns machtlos. Als wären wir auf eine Zeitreise geschickt worden, zurück in eine Epoche, in der unsere Vorfahren in der Wildnis lebten und den Sturm als Laune der Götter fürchteten. Obwohl wir längst in sicheren Häusern saßen, spiegelte das Gewitter unsere innere Unruhe wider. Das Herz schlug schneller, die Luft schien schwerer, die Welt schrumpfte für einen Moment auf das Hier und Jetzt - auf den nächsten Blitz, auf das Warten, dass es vorübergeht.

Diese Angst vor dem Gewitter ist geblieben, doch sie zeigt sich nicht nur, wenn dunkle Wolken den Himmel verdunkeln. Sie kommt auch in stillen Nächten, in denen unsere Gedanken zu laut sind. Sie kommt, wenn uns das Leben überfordert, wenn unerwartete Nachrichten uns aus der Bahn werfen, wenn Schmerz, Wut oder Traurigkeit plötzlich über uns hereinbrechen. Innere Stürme kündigen sich oft nicht an. Sie fegen durch uns hindurch, bringen Chaos, Unsicherheit, Zweifel. Manchmal alles auf einmal. Und so wie früher wünschen wir uns, dass jemand neben uns sitzt, uns beruhigt, eine Hand auf unsere Schulter legt und sagt:

„Es ist nicht für immer. Es geht vorüber."

Doch was tun wir, wenn wir allein sind mit unseren Gefühlen? Wenn es niemanden gibt, der uns diese Worte sagt? Vielleicht vergessen wir zu oft eine Wahrheit, die so einfach ist: Kein Sturm dauert ewig. Kein Gewitter bleibt für immer. Selbst wenn der Himmel schwarz ist, der Regen in Strömen fällt und der Donner die Welt erschüttert - irgendwann wird das Grollen leiser, der Regen schwächer. Die ersten Lichtstrahlen brechen durch die Wolken, die Luft wird klar, gereinigt, frisch. Die Welt atmet tief durch. Und wir? Wir auch.

Was wäre, wenn wir unsere Gefühle nicht als Feinde sehen? Was, wenn wir lernen würden, sie zu beobachten, anstatt gegen sie anzukämpfen? So wie wir einst das Gewitter zählten - eins, zwei, drei - könnten wir auch unsere Ängste zählen. Unsere Traurigkeit, unsere Wut. Sie sind Teil von uns, aber sie sind nicht wir. Sie kommen und sie gehen. Sie sind Besucher, nicht unser Zuhause.

Der Dalai Lama soll einmal gesagt haben: „Nur wer Angst verspürt, kann auch mutig sein." Ob er es tatsächlich so formuliert hat, spielt keine Rolle. Die Weisheit bleibt. Angst gehört zum Leben. Sie warnt uns, schützt uns, zeigt uns, dass wir lebendig sind. Und sie vergeht. So wie Freude vergeht. So wie alles im Leben vergänglich ist. Die Kunst liegt darin, das zu akzeptieren.

Viele von uns sehnen sich nach einem Leben ohne Angst, ohne Schmerz, ohne Unsicherheit. Einem Leben, in dem immer die Sonne scheint. Aber ist das wirklich erstrebenswert? Es gibt keinen Tag ohne Nacht, keinen Sommer ohne Winter, keinen Ozean ohne Stürme. Und so gibt es auch kein Leben, in dem alles immer ruhig ist. Doch es gibt ein Leben, in dem wir erkennen, dass nichts bleibt. Dass alles vergeht. Und dass genau darin die Erleichterung liegt.

Wenn wir versuchen, unsere Emotionen zu ignorieren, drängen sie sich umso stärker auf. Zuerst klopfen sie leise an. Dann immer lauter. Je mehr wir sie wegschieben, desto heftiger melden sie sich zurück. Deshalb brauchen sie einen Platz, an dem sie einfach sein dürfen. Es ist in Ordnung, Angst zu haben. Es ist in Ordnung, traurig oder wütend zu sein. Doch wir müssen diesen Gefühlen nicht erlauben, unser Leben zu bestimmen. Wir können sie da sein lassen, ohne uns von ihnen überwältigen zu lassen. Sie sind wie Wolken - sie ziehen weiter, wenn wir sie nicht festhalten.

Mitten im Sturm fühlt es sich oft so an, als würde es niemals aufhören. Doch wenn du genau hinsiehst, wirst du feststellen: Es gibt immer einen Moment, in dem etwas nachlässt. Vielleicht ist es nur ein kurzer Augenblick. Ein tiefer Atemzug, der sich etwas leichter anfühlt. Ein kleines Lächeln, das sich in dein Gesicht schleicht, ohne dass du es erwartest. Manchmal hilft es, sich daran zu erinnern:

„Das, was mich jetzt überwältigt, wird in einer Stunde, in einem Tag, in einer Woche nicht mehr dieselbe Kraft haben."

Das Herz wird wieder ruhiger schlagen. Die Gedanken werden klarer werden. Nichts bleibt für immer. Und das ist ein Trost.

Wer weiß - vielleicht erinnerst du dich beim nächsten Unwetter an diese Worte. Vielleicht zählst du wieder die Sekunden zwischen Blitz und Donner. Und vielleicht spürst du dann in dir diese Gewissheit:

„Es ist nicht von Dauer. Es wird vorübergehen."

Und wenn der Regen schließlich nachlässt und das Licht zurückkehrt, wirst du wissen: Du hast es überstanden. So wie du es immer getan hast.

Mitten im Sturm, wenn der Wind laut schreit,
fühlt es sich an wie die Ewigkeit.
Doch sieh nur genau, hör tief in dich rein -
ein Atemzug leiser, ein Lächeln so klein.

Nichts bleibt für immer, auch Kummer vergeht,
die Zeit, sie heilt, was im Wege steht.
Und wenn der Regen zu Boden fällt,
spürst du die Wärme, die dich erhellt.

Du stehst noch immer, du bist noch hier,
stärker, gewachsen - das Leben in dir.
Und beim nächsten Sturm, da weißt du genau:
Er kommt und vergeht - so wie der Tau.

11. Stress lass nach!

Du kennst das bestimmt: Der Alltag ist vollgepackt mit Terminen, Verpflichtungen, Erwartungen. Und irgendwo dazwischen sitzt du und spürst diesen Druck. Manchmal ist er subtil, ein leises Ziehen im Hinterkopf. Manchmal überwältigt er dich, macht dich rastlos, erschöpft oder gereizt. Stress ist allgegenwärtig, für viele ist er zur Normalität geworden. Aber hast du dir schon einmal überlegt, was Stress eigentlich bedeutet? Der Begriff kommt ursprünglich aus der Physik. Er beschreibt Anspannung, Druck, Belastung. Wenn ein Material einem Stresstest unterzogen wird, dann setzt man es so lange unter Spannung, bis es nachgibt oder bricht. Ist es nicht erstaunlich, dass dieser Ausdruck irgendwann auf uns Menschen übertragen wurde? Denn genau das passiert, wenn wir dauerhaft überlastet sind - irgendwann kann es zu viel werden.

Aber eigentlich ist Stress nichts Schlechtes. Er ist ein uralter Mechanismus, der uns geholfen hat zu überleben. Wenn unsere Vorfahren einem Raubtier begegneten, mussten sie blitzschnell reagieren. Kämpfen, fliehen oder sich totstellen - das waren die Möglichkeiten. Der Körper schüttete Adrenalin aus, das Herz schlug schneller, die Muskeln spannten sich an. So konnte man in Sekundenbruchteilen reagieren. Und heute? Heute gibt es keine Säbelzahntiger mehr, aber der Mechanismus ist geblieben. Dein Körper reagiert auf Deadlines, auf Konflikte, auf Sorgen mit denselben alten Mustern. Nur, dass du in den meisten Fällen weder rennen noch kämpfen kannst. Stattdessen bleibt der Stress in dir stecken.

Das Problem ist: Unser Leben hat sich verändert, aber unser Körper nicht. Früher war Stress eine kurzfristige Sache. Heute hält er oft wochen-, monate-, manchmal sogar jahrelang an. Und genau dann wird er gefährlich. Wenn du dauerhaft unter Strom stehst, dann kann das dein Immunsystem schwächen, deine Konzentration beeinträchtigen, deinen Schlaf stören. Es kann sein, dass du verspannt bist, dein Blutdruck steigt oder du irgendwann das Gefühl hast, einfach nicht mehr zu können. Vielleicht kennst du das ja. Wenn der Stress nicht mehr nachlässt, wenn du immer erschöpfter wirst, wenn du merkst, dass du nicht mehr richtig abschalten kannst - dann ist es Zeit, etwas zu verändern.

Aber warum ist es eigentlich so, dass manche Menschen stressresistenter sind als andere? Das hat viele Gründe. Manche liegen schon in der Kindheit oder sogar vor der Geburt. Wenn deine Mutter in der Schwangerschaft viel Stress hatte, dann kann es sein, dass dein Körper von Anfang an darauf programmiert ist, empfindlicher auf Belastung zu reagieren. Aber das ist nur ein Teil der Geschichte. Viel wichtiger ist, wie du mit Stress umgehst. Was du über dich selbst denkst, wie du Situationen bewertest, welche Strategien du gelernt hast, um mit Druck umzugehen. Manche Menschen sehen eine Herausforderung und fühlen sich angespornt, andere fühlen sich überwältigt. Und weißt du was? Du hast Einfluss darauf. Denn Stress ist nicht nur das, was passiert - es ist auch das, was du daraus machst. Es gibt viele Wege, besser mit Stress umzugehen. Einer der wichtigsten ist, deine eigenen Gedanken zu hinterfragen. Manchmal setzen wir uns selbst unter Druck, ohne es zu merken. Vielleicht denkst du, du musst immer funktionieren, immer perfekt sein, darfst dir keine Schwäche erlauben. Aber ist das wirklich so? Oder machst du dir das Leben unnötig schwer? Ein anderer Ansatz ist, deinem Körper zu helfen, besser mit Stress umzugehen. Bewegung, gesunde Ernährung, ausreichend Schlaf - all das hilft. Aber auch Entspannungstechniken wie Meditation oder Atemübungen können viel bewirken. Und dann gibt es noch den sozialen Faktor: Menschen, die ein stabiles Netzwerk haben, die sich austauschen und Unterstützung bekommen, kommen mit Stress besser zurecht. Also, wann hast du das letzte Mal mit jemandem gesprochen, der dir guttut?

Und dann gibt es noch eine andere Ebene, über die viel zu selten gesprochen wird: die Gesellschaft. Denn Stress ist nicht nur ein persönliches Problem. Es ist auch eine Frage der Strukturen, in denen wir leben. Der Leistungsdruck in der Arbeitswelt, die ständige Erreichbarkeit, der Druck, immer mehr in immer kürzerer Zeit zu schaffen - all das trägt dazu bei, dass so viele Menschen ausgebrannt sind. Wir können also nicht nur individuell an uns arbeiten, wir müssen auch darüber nachdenken, wie wir als Gesellschaft mit Stress umgehen. Brauchen wir wirklich noch mehr Produktivität, noch mehr Tempo? Oder sollten wir vielleicht anfangen, uns Raum für Erholung zu nehmen? Und was bedeutet das für mich? Was kann ich konkret tun? Die Antwort ist: Das hängt von dir ab. Vielleicht ist es an der Zeit, einen Gang zurückzuschalten. Vielleicht brauchst du neue Routinen, die dir helfen, Stress abzubauen. Vielleicht musst du lernen, Grenzen zu setzen und dich selbst ernster zu nehmen. Was auch immer es ist - der erste Schritt ist, dir bewusst zu machen, dass du nicht machtlos bist. Fang an. Heute.

12. Über das Grenzen setzen

Hast du dich jemals dabei erwischt, dass du etwas zugestimmt hast, obwohl du es eigentlich nicht wolltest? Vielleicht hast du einer Einladung zugesagt, obwohl du den Abend lieber allein verbracht hättest. Vielleicht hast du eine Aufgabe übernommen, obwohl du bereits genug zu tun hattest. Oder du hast zugelassen, dass jemand deine Zeit, deine Energie oder sogar deine Gefühle beansprucht hat, obwohl es dir nicht guttut. Falls du dich darin wiedererkennst, bist du nicht allein. Vielen von uns fällt es schwer, Grenzen zu setzen. Oft merken wir nicht einmal, dass wir sie brauchen, bis wir uns erschöpft, ausgenutzt oder verletzt fühlen.

Warum aber ist es so schwer, Grenzen zu setzen? Vielleicht, weil wir Angst haben, andere zu enttäuschen. Vielleicht, weil wir glauben, dass es unsere Pflicht ist, immer für andere da zu sein. Vielleicht, weil wir nie gelernt haben, dass unsere eigenen Bedürfnisse genauso wichtig sind wie die der anderen.

Doch hier ist eine einfache Wahrheit: Grenzen zu setzen ist kein Zeichen von Egoismus. Es ist ein Zeichen von Selbstachtung. Es bedeutet, anzuerkennen, dass du genauso viel wert bist wie jeder andere Mensch. Wenn du keine Grenzen setzt, vermittelst du nicht nur anderen, sondern auch dir selbst die Botschaft, dass deine Bedürfnisse weniger zählen. Das hat weitreichende Folgen. Ignorierst du deine Grenzen immer wieder, kann das zu Erschöpfung, Frustration und sogar zu einem Gefühl der eigenen Wertlosigkeit führen.

Vielleicht denkst du jetzt: "Aber was, wenn andere mich

dann nicht mehr mögen?" Diese Angst haben viele Menschen. Doch die Wahrheit ist: Menschen, die dich wirklich respektieren und wertschätzen, werden deine Grenzen akzeptieren. Wer nur in deinem Leben ist, weil er von deiner Nachgiebigkeit profitiert, wird möglicherweise so reagieren, als hättest du ihm etwas weggenommen. Doch ist das nicht ein deutliches Zeichen, dass diese Beziehung ohnehin nicht gesund war?

Grenzen zu setzen bedeutet nicht, andere abzuweisen oder sich herzlos zu verhalten. Es bedeutet nicht, rücksichtslos zu sein oder Menschen auszugrenzen. Im Gegenteil. Es ist ein Akt der Selbstliebe. Du entscheidest bewusst, womit du deine Zeit, Energie und Aufmerksamkeit verbringst. Dabei geht es nicht nur darum, Nein zu anderen zu sagen, sondern auch Ja zu dir selbst. Ja zu deinem Wohlbefinden. Ja zu deiner mentalen Gesundheit. Ja zu deiner Zufriedenheit.

Wenn du immer wieder Ja sagst, obwohl du Nein meinst, was sagt das über deine Beziehung zu dir selbst aus? Jedes Mal, wenn du eine Grenze nicht setzt, verrätst du dich selbst ein kleines bisschen. Das lässt sich nicht einfach mit einem freundlichen Lächeln oder oberflächlichen Floskeln ausgleichen. Denn tief in dir weißt du, dass du dich im Stich gelassen hast. Aber Grenzen zu setzen ist eine Fähigkeit, die du lernen kannst. Alles beginnt damit, dir bewusst zu machen, was du wirklich willst und brauchst. Dann geht es darum, den Mut zu finden, das auch zu kommunizieren. Ja, es wird Momente geben, in denen es unangenehm ist, in denen du denkst, du könntest jemanden enttäuschen. Doch denk daran: Die Enttäuschung anderer ist oft nur vorübergehend. Die Enttäuschung, die du dir selbst gegenüber empfindest, wenn du deine eigenen Grenzen missachtest, kann jedoch lange anhalten.

Du bist nicht dazu da, es jedem recht zu machen. Deine Zeit, deine Energie, deine emotionale Kapazität sind wertvolle Ressourcen. Und so wie du sorgsam mit deinem Geld oder deinen materiellen Gütern umgehst, solltest du auch sorgsam mit diesen inneren Ressourcen umgehen. Würdest du zulassen, dass jemand einfach ungefragt dein Zuhause betritt, sich nimmt, was er will, und es dann in Unordnung hinterlässt? Wahrscheinlich nicht. Doch genau das tun Menschen mit deinen Emotionen und deiner Energie, wenn du keine Grenzen setzt.

Lerne, auf die Signale deines Körpers und deines Geistes zu achten. Wenn du dich müde, ausgelaugt oder gestresst fühlst, ist das oft ein Zeichen, dass deine Grenzen überschritten wurden - entweder von dir selbst oder von anderen. Nimm dir in solchen Momenten bewusst Zeit, innezuhalten und zu reflektieren. Wo habe ich zugelassen, dass jemand zu weit gegangen ist? Habe ich mich selbst genug respektiert? Habe ich für mich selbst gesorgt, so wie ich es für eine geliebte Person tun würde?

Sei geduldig mit dir selbst. Grenzen zu setzen ist ein Prozess. Es wird Rückschläge geben. Es wird Momente geben, in denen du in alte Muster zurückfällst. Doch jeder kleine Schritt zählt. Jeder Moment, in dem du dich für dich selbst einsetzt, macht dich stärker. Mit der Zeit wird es dir leichter fallen, klar zu kommunizieren, was du brauchst und wo deine Grenzen liegen.

Du hast das Recht, für dich selbst einzustehen. Du hast das Recht, Nein zu sagen, wenn etwas nicht in dein Leben passt. Du hast das Recht, dein Wohlbefinden an erste Stelle zu setzen. Denn am Ende des Tages bist du die einzige Person, die wirklich dafür sorgen kann, dass es dir gut geht. Fang an, dich selbst ernst zu nehmen. Setze Grenzen. Und erlaube dir, ein Leben zu führen, das dir wirklich guttut.

Ja zu mir - Ja zu dir

Ich sage Ja zu meinem Sein,
zu Licht und Schatten - groß und klein.
Ich nehme mich, wie ich auch bin,
mit Herz und Zweifel, Stolz und Sinn.

Und weil ich mich nun selbst versteh,
seh ich auch dich - und tu nicht weh.
Mein Ja zu mir macht Räume auf,
für dich, für uns, für Lebenslauf.

Kein Ja zu dir aus Pflicht und Zwang,
kein süßes Wort mit bitterem Klang -
sondern ein echtes, freies Hier,
das wächst aus meinem Ja zu mir.

13. Die Wärme des Menschen

Hast du schon einmal gespürt, wie eine kalte Atmosphäre dich durch und durch erfasst? Vielleicht hast du einen Raum betreten und sofort gespürt, dass hier keine echte Wärme herrscht. Nicht die physische Wärme, sondern jene, die von Herzen kommt. Ein Blick, der dich frösteln lässt. Eine Geste, die eine unsichtbare Distanz schafft. Worte, so kühl, dass sie tief in dir nachhallen und dich innerlich erzittern lassen.

Manchmal sind es nicht einmal bewusste Handlungen, sondern subtile Nuancen, die in der Luft liegen. Eine Unterhaltung, die dich frösteln lässt, weil ihr jede Herzlichkeit fehlt. Eine Begegnung, in der sich eine unsichtbare Mauer zwischen dir und der anderen Person erhebt. Wir reagieren intuitiv darauf, weil wir von Natur aus nach Wärme suchen. Emotionale, soziale, körperliche Wärme. Wir gleichen Sonnenblumen, die sich instinktiv zum Licht drehen, weil sie es zum Wachsen brauchen. Wärme ist unser Licht.

Denk einen Moment darüber nach. Wann hast du dich zuletzt wirklich geborgen gefühlt? Vielleicht war es eine Umarmung, die länger dauerte, als du es erwartet hast. Eine Umarmung, die dich umfing und dir vermittelte: Du bist nicht allein. Oder eine Stimme, die sanft und vertraut klang. Eine kleine, fast unscheinbare Geste, die dir zeigte: Ich sehe dich. Es könnte auch eine Begegnung gewesen sein, die dein Herz erwärmte, weil dort jemand war, der mit dir lachte, mit dir fühlte, mit dir einfach den Moment teilte. Diese Momente vertreiben die innere Kälte. Sie hinterlassen Spuren, oft ohne dass wir es bewusst bemerken.

Wir sehnen uns nach solchen Augenblicken. Sie tragen uns durch den Alltag. Sie machen das Leben lebenswert. Denn selbst hinter den dicksten Mauern und in den mächtigsten Burgen würden wir uns nicht sicher fühlen, wenn es dort nicht wenigstens einen warmen Ort gäbe. Vielleicht ein prasselndes Kaminfeuer oder eine Decke, in die wir uns hüllen können. Oder einfach nur ein Zuhause, das uns umfängt, wenn wir durchgefroren sind.

Vielleicht hast du schon einmal erlebt, wie allein der Gedanke an ein heißes Bad oder eine dampfende Tasse Tee in deinen Händen ein Gefühl des Wohlbefindens hervorrufen kann. Wärme ist mehr als eine physische Empfindung. Sie ist ein Symbol für Geborgenheit, für Menschlichkeit, für Nähe. Und wenn sie fehlt, spüren wir das mit jeder Faser unseres Seins. Kälte macht uns starr. Sie lähmt unsere Bewegungen, unsere Gedanken, unsere Fähigkeit, uns auf andere einzulassen. Wärme hingegen macht uns weich, offen und empfänglich für das Leben.

Wir brauchen Wärme, so wie wir Luft zum Atmen brauchen. Nicht nur jene, die durch Kleidung oder Feuer erzeugt wird, sondern die Wärme der Berührung, der Mitmenschlichkeit, der Zugewandtheit. Ohne sie verkümmern wir. Ohne sie verliert das Leben an Farbe und Tiefe.

In Bogotá, Kolumbien, gab es 1979 eine Krise. Zu viele Frühgeborene, zu wenige Brutkästen. Zwei Ärzte kamen auf eine Idee, die so einfach wie genial war. Sie ließen die Mütter ihre Babys auf die nackte Brust legen, sie in warme Tücher hüllen, mit ihnen sprechen, sie streicheln, sanft wiegen. Sie nannten es "Kangarooing", benannt nach den Beuteltieren, die ihre Jungen eng am Körper tragen. Die Babys, die so die Wärme und Nähe ihrer Mütter spürten, entwickelten sich besser. Sie wurden stabiler und gesünder als jene, die isoliert in Brutkästen lagen.

Das zeigt uns, dass menschliche Wärme heilt. Sie gibt Sicherheit. Sie ist unverzichtbar. Kälte trennt, Wärme verbindet. Wo es warm ist, da bleiben wir gern, da fühlen wir uns willkommen. Sie ist das unsichtbare Band zwischen Menschen, das Vertrauen schafft, das Nähe ermöglicht.

Ich denke oft an diese Erkenntnis, wenn ich in meiner Arbeit als psychosozialer Akutbetreuer Menschen begegne, die gerade den Boden unter den Füßen verloren haben. In diesen Momenten brauchen sie keine großen Worte. Keinen Trost, der nach Floskel klingt. Keine überstürzten Erklärungen. Oft ist es genug, einfach da zu sein. Jemandem verständnisvoll in die Augen zu sehen. Ein Taschentuch zu reichen. Das Schweigen zu teilen. Manchmal ist eine Hand, die sanft hält, genug, um zu spüren: Ich bin nicht allein.

Worte sind mächtig, aber es gibt etwas, das noch tiefer geht. Die Sprache der Wärme. Sie spricht von Herz zu Herz, ohne dass eine Silbe laut ausgesprochen werden muss. Und genau diese Sprache brauchen wir in einer Welt, die oft kühl und distanziert wirkt.

Wärme ist ein Geschenk, das nichts kostet und doch unendlich wertvoll ist. Ein Lächeln, eine Berührung, eine aufrichtige Geste können Welten verändern. Vielleicht sollten wir uns öfter daran erinnern, dass wir nicht nur selbst nach Wärme suchen, sondern sie auch schenken können. So wie eine Kerze, die ihr Licht weitergibt, ohne selbst dunkler zu werden, können wir Wärme teilen, ohne weniger davon zu haben.

Am Ende des Tages ist es nicht das kalte, analytische Denken, das uns Halt gibt. Es sind die Menschen, die einander Wärme spenden, die das Leben lebenswert machen. Und vielleicht ist das unsere wichtigste Aufgabe: nicht nur nach Wärme zu suchen, sondern selbst eine Quelle der Wärme zu sein.

Nicht Gold, nicht Ruhm, nicht Macht der Welt,
nur Menschlichkeit, die wirklich zählt.
Ein Lächeln, das den Tag erhellt,
ist mehr als Reichtum, Ruhm und Geld.

So reich sind wir, wenn wir verstehen,
dass Nähe bleibt, wenn Zeiten gehen.
Wie sanfter Wind, der Wunden heilt,
der zärtlich durch die Herzen eilt.

14. Die Frage nach der Schuld

Familie S. hatte eine schwere Zeit hinter sich. Der Vater war vor einem Jahr gestorben, ein harter und langwieriger Kampf gegen den Krebs, den er am Ende nicht gewinnen konnte. Besonders für die Mutter war sein Tod ein schwerer Schlag. Die beiden erwachsenen Kinder bemühten sich rührend um sie, hielten engen Kontakt, kamen täglich vorbei, um nach ihr zu sehen. Doch trotz all dieser Fürsorge war da eine Leere, die niemand füllen konnte. Ihre Nachbarn, die sich ebenfalls mitfühlend zeigten und immer wieder zu einem Gespräch oder einem kleinen Spaziergang einluden, konnten ebenfalls nichts an diesem Gefühl ändern. Nichts konnte die Wunde in ihrem Herzen schließen. Kein Besuch, kein Ausflug, kein noch so aufrichtig gemeintes Gespräch. Die Einsamkeit blieb. Sie ließ sich nicht vertreiben, auch nicht durch die Gegenwart anderer Menschen.

Die Kinder von Frau S. sahen das und fühlten sich zunehmend hilflos. Trotz aller Bemühungen schien ihre Mutter in ihrem Schmerz gefangen. Sie begannen, sich Fragen zu stellen. Hätten sie mehr tun können? Hätten sie öfter bei ihr übernachten sollen? Wäre es vielleicht besser gewesen, ihre eigenen Wohnungen aufzugeben und wieder zu ihr zu ziehen? Oder hätte eine Selbsthilfegruppe helfen können? Vielleicht ein ehrenamtlicher Besuchsdienst, eine professionelle Trauerbegleitung? Solche Überlegungen blieben theoretisch. Sie würden keine Antworten mehr finden. Denn gestern wurde Frau S. leblos in ihrem Garten aufgefunden. Eine Nachbarin hatte sie entdeckt.

Es war ein Schock. Die Welt der Hinterbliebenen geriet aus den Fugen. Schuldgefühle überrollten sie mit voller Wucht. Hätten sie etwas tun können, um das zu verhindern? Gab es Zeichen, die sie nicht erkannt hatten? War es ihre Schuld, dass sie nicht mehr lebte? Was, wenn die Tochter an diesem Tag nur eine Stunde früher gekommen wäre? Oder wenn der Sohn am Abend zuvor noch etwas länger geblieben wäre? Hätte ein anderes Handeln einen anderen Ausgang gebracht? Die Fragen häuften sich, wuchsen zu einem kaum erträglichen Konstrukt aus Vorwürfen und hätte-wäre-könnte-Gedanken.

Solche Gedanken sind nicht ungewöhnlich. Sie gehören zu Trauer und Verlust dazu, sie sind beinahe ein natürlicher Reflex. Wir Menschen suchen nach Ursachen, nach einem Sinn in tragischen Ereignissen, nach einer Kausalität, die uns erklärt, warum etwas geschehen ist. Schuldgefühle spielen dabei eine große Rolle. Sie verleihen das Gefühl von Kontrolle. Denn wenn es eine Schuld gibt - wenn wir oder jemand anderes etwas falsch gemacht haben -, dann wäre das Ereignis ja vielleicht vermeidbar gewesen. Schuld suggeriert, dass es eine Möglichkeit gegeben hätte, die Situation anders zu beeinflussen. Doch das ist oft nur eine Illusion. Vieles im Leben ist unvorhersehbar. Vieles geschieht ohne dass jemand Schuld daran trägt. Doch diese Erkenntnis fällt schwer, besonders dann, wenn der Schmerz des Verlustes allgegenwärtig ist.

Wir neigen dazu, uns selbst zu verurteilen, um nicht in der völligen Ohnmacht zu verharren. Es ist eine Art Kompensation. Wenn wir glauben, etwas falsch gemacht zu haben, dann bedeutet das auch, dass wir es in

Zukunft besser machen könnten. Diese Denkweise gibt uns das Gefühl, das Leben zumindest ein Stück weit in der Hand zu haben. Doch sie ist auch eine Last. Denn nicht alles liegt in unserer Macht. Wir können unser Bestes geben, aufmerksam sein, fürsorglich handeln - und dennoch nicht alles verhindern.

Gerade bei Trauer ist es wichtig, sich diesen Mechanismus bewusst zu machen. Die Vorstellung, alles lenken zu können, ist trügerisch. Kein Mensch hat eine Kristallkugel, die ihm zeigt, was kommen wird. Niemand trifft Entscheidungen mit der Absicht, später zu bereuen. Wir tun, was wir können, mit dem Wissen, das uns in dem Moment zur Verfügung steht. Rückblickend erscheinen viele Dinge klarer, aber im jeweiligen Augenblick handeln wir mit den besten Absichten und den Möglichkeiten, die wir haben.

Es ist hilfreich, mit anderen darüber zu sprechen. Nicht alles in sich hineinzufressen. Denn Schuldgefühle verlieren an Kraft, wenn sie geteilt werden. Ein Gespräch mit Freunden, mit Vertrauten, kann entlasten. Manchmal braucht es auch professionelle Unterstützung. Denn Schuld kann sich tief eingraben, kann lähmen, kann verhindern, dass wir weitergehen. Wer sich selbst immer wieder anklagt, bleibt gefangen in der Vergangenheit. Doch das Leben geht weiter. Und das darf es auch.

Ein wichtiger Schritt ist es, sich selbst Mitgefühl entgegenzubringen. Was würden wir einem guten Freund oder einer guten Freundin sagen, die sich mit Selbstvorwürfen quält? Würden wir nicht versuchen, sie zu trösten? Würden wir ihr nicht versichern, dass niemand allwissend ist, dass Fehler menschlich sind, dass wir alle nur unser Bestes tun? Warum also nicht dieselbe Nachsicht für uns selbst aufbringen?

Vergebung, besonders die Vergebung mit sich selbst, ist ein Prozess. Es geht nicht von heute auf morgen. Manchmal braucht es Zeit, manchmal braucht es Unterstützung. Aber es ist möglich. Sich selbst zu bestrafen hilft weder uns noch denen, die wir lieben. Es ändert nichts an der Vergangenheit, aber es kann unsere Zukunft beeinflussen.

Letztendlich sind es nicht die Schuldfragen, die unser Leben definieren. Es ist das, was wir daraus machen. Jeder Tag bietet eine neue Möglichkeit, mit uns selbst ins Reine zu kommen. Wir können anerkennen, dass wir nicht alles steuern können, dass wir nicht immer die Kontrolle haben - und dass das in Ordnung ist. Vielleicht liegt die wahre Weisheit nicht darin, für alles eine Antwort zu finden, sondern darin, zu akzeptieren, dass manche Fragen offen bleiben. Und trotzdem Frieden damit zu schließen.

15. Gemeinsam durch die Dunkelheit

Hast du schon einmal versucht, jemanden zu trösten und es hat nicht funktioniert? Vielleicht hast du gesagt: „Das wird schon wieder" oder „Sei nicht traurig", aber die Person wirkte trotzdem nicht getröstet. Vielleicht hast du sogar gemerkt, dass deine Worte nicht gut ankamen oder dein Gegenüber sich noch einsamer fühlte.

Das liegt nicht daran, dass du nicht helfen wolltest. Es liegt daran, dass wir oft falsch trösten. Und das hat einen Grund: Viel zu oft geht es beim Trost gar nicht um den anderen - sondern um uns selbst.

Menschen sind soziale Wesen. Wir leiden mit, wenn jemand, den wir mögen, traurig oder verzweifelt ist. Doch dieses Mitleiden hat eine Schattenseite: Wir ertragen es selbst nicht, den Schmerz eines anderen auszuhalten. Sein Leid macht uns unruhig, vielleicht sogar ängstlich. Oft fühlen wir uns hilflos, weil wir nicht wissen, was wir tun sollen. Und dann greifen wir zu den Floskeln, die wir selbst irgendwann einmal gehört haben: „Kopf hoch!", „Andere haben es noch schwerer", „Die Zeit heilt alle Wunden". Diese Worte sind nicht böse gemeint, doch sie richten oft mehr Schaden an, als wir denken. Sie nehmen dem Schmerz die Berechtigung und lassen die leidende Person noch einsamer zurück.

Psychologisch gesehen brauchen Menschen in Krisen nicht sofort eine Lösung - sondern jemanden, der ihre Gefühle mit ihnen aushält. Eine der größten Ängste, die wir haben, ist das Gefühl, allein zu sein. Wenn wir trauern, dann nicht nur wegen eines Verlustes, sondern oft auch, weil wir befürchten, dass niemand wirklich versteht, was wir gerade durchmachen. Echter Trost bedeutet nicht, Schmerz schnell zu beenden, sondern ihn gemeinsam auszuhalten. Und das funktioniert in vier einfachen, aber tiefgreifenden Schritten.

Der erste Schritt ist, den Schmerz des anderen überhaupt wahrzunehmen. Oft nehmen wir Trauer oder Schmerz nur oberflächlich wahr. Wir hören jemandem zu, doch innerlich planen wir schon, was wir sagen könnten, um die Situation „besser" zu machen. Doch wirklicher Trost beginnt damit, dass wir den Schmerz des anderen wirklich sehen. Das bedeutet: Widerstehe dem Reflex, sofort zu antworten. Schau hin. Fühle mit. Manchmal reicht es schon, zu sagen: „Ich sehe, dass es dir gerade sehr schlecht geht." Genauso wichtig ist es, wirklich zu verstehen, was der andere gerade fühlt. Ein häufiger Fehler ist es, seine Trauer oder seinen Schmerz mit eigenen Erfahrungen zu vergleichen. Vielleicht warst du selbst schon in einer ähnlichen Situation - aber jeder Mensch erlebt Gefühle anders. Das bedeutet: Lass die Geschichte des anderen einfach stehen. Frag nach. Sei neugierig, statt Lösungen zu präsentieren. Oft ist das größte Geschenk, das wir einem leidenden Menschen machen können, nicht unser Rat - sondern unser offenes Ohr.

Noch schwieriger ist es, die Gefühle des anderen einfach anzunehmen, ohne sie kleinzureden. Es ist verlockend zu sagen: „Es hätte schlimmer kommen können" oder „Du musst nur positiv denken". Doch genau das ist das Gegenteil von Trost. Echte Unterstützung bedeutet, die Gefühle des anderen nicht zu relativieren, sondern sie zu akzeptieren. Wenn jemand weinen muss, dann soll er weinen. Wenn jemand wütend ist, dann hat er ein Recht darauf. Gefühle sind nicht gut oder schlecht - sie sind einfach da. Und wenn wir sie zulassen, dann können sie sich verändern. Statt einer Floskel hilft oft einfach: „Es ist okay, dass du so fühlst", „Ich bin da" oder „Ich kann nicht alles verstehen, aber ich höre dir zu."

Trost bedeutet aber nicht nur Zuhören, sondern auch aktives Handeln. Manchmal braucht Trost keine Worte, sondern Taten. Vielleicht kann die trauernde Person gerade nicht gut für sich sorgen. Vielleicht ist sie zu erschöpft, um sich Essen zu machen, oder sie braucht einfach jemanden, der mit ihr spazieren geht. Ein einfaches „Melde dich, wenn du etwas brauchst" ist oft nicht genug - denn wer leidet, hat oft nicht die Kraft, um Hilfe zu bitten. Stattdessen kannst du direkt anbieten: „Ich bringe dir heute eine Suppe vorbei", „Soll ich mit dir einen Spaziergang machen?" oder „Ich nehme dir diese eine Aufgabe ab, damit du dich ausruhen kannst." Solche kleinen Gesten machen oft den größten Unterschied.

Doch genau dieser echte Trost ist oft schwer auszuhalten. Einen Menschen wirklich zu trösten bedeutet, seinen Schmerz mit ihm zu tragen - ohne ihn zu verdrängen oder sofort zu „heilen". Das ist schwer, denn es bedeutet, dass wir auch mit unseren eigenen Ängsten und Unsicherheiten konfrontiert werden. Vielleicht spürst du in solchen Momenten deine eigene Angst vor Verlust. Vielleicht erinnerst du dich an eine Zeit, in der du selbst Trost gebraucht hättest. Das ist unangenehm, aber es ist auch der Schlüssel zu echter Verbindung. Denn genau hier geschieht das, was wir alle brauchen: jemanden, der uns sieht, der uns versteht - und der bleibt.

Am Ende ist Trost keine große Kunst. Du musst nichts Kluges sagen. Du musst nichts lösen. Du musst nur eins tun: Da sein. Die Menschen werden sich nicht an deine Worte erinnern. Sie werden sich nicht erinnern, ob du den perfekten Satz gesagt hast. Aber sie werden sich erinnern, dass du da warst. Dass du ihr Leid ausgehalten hast, ohne sie zu drängen, es zu verstecken oder schneller wieder „normal" zu funktionieren. Denn das ist der wahre Trost: Gemeinsam durch das Dunkel gehen - bis der andere wieder Licht sehen kann.

16. Zugehörigkeit

Du kennst das Gefühl, nicht wahr? Dieses seltsame Unbehagen, wenn du merkst, dass du nicht ganz dazugehörst. Dass du anders bist. Vielleicht war es schon immer so. Vielleicht war da ein Moment, in dem du es zum ersten Mal gespürt hast. Ein Moment, in dem der Schutz, den du einst hattest, plötzlich brüchig wurde - oder ganz verschwand. Plötzlich warst du auf dich allein gestellt.

Früher, als die Welt noch wilder war, bedeutete es den sicheren Tod, wenn man aus der Gemeinschaft verstoßen wurde. Heute stirbt man nicht daran - zumindest nicht körperlich. Aber innerlich? Da kann es sich genauso anfühlen. Es ist ein schleichender Prozess, der dich langsam von innen aushöhlt. Doch es gibt einen Instinkt, der uns antreibt, nach neuen Verbindungen zu suchen. Und so fand ich andere wie mich. Menschen, die sich nicht einfügten, die nicht passten, die sich - gewollt oder ungewollt - am Rand der Gesellschaft wiederfanden. Wir hatten eines gemeinsam: Musik. Sie war unser Trost, unser Halt, unsere Sprache. Ohne sie, ohne diese Menschen, hätte ich diese Zeit nicht überstanden. Denn je mehr die Gesellschaft jemanden als Außenseiter markiert, desto stärker fühlt man sich zu anderen hingezogen, denen es genauso geht. Ich fand meine Zuflucht bei den Grufties, den Punks und all jenen, die in den Randgruppen der Gesellschaft ein Zuhause fanden. Es war eine Zeit des Suchens, des Erkundens. Jede dieser Gruppen hatte ihre eigene Philosophie, ihre eigene Art, sich abzugrenzen, ihre eigene Musik. Und genau das verband uns.

In solchen Momenten des Suchens bleibt die Frage bestehen: Wo gehöre ich wirklich hin? Die einen suchen ihren Platz in subkulturellen Gemeinschaften, die anderen in Ideologien, manche in der Spiritualität. Ich war nicht anders. Ich suchte nach etwas Größerem, nach einem Sinn, nach einem Gefühl von Zugehörigkeit, das über die alltäglichen Dinge hinausging.

Manchmal dachte ich, ich hätte es gefunden. Ich las Bücher über verschiedene spirituelle Traditionen, besuchte Orte der Stille, sprach mit Menschen, die in Meditation, in Gebeten oder in der Natur ihre Erfüllung fanden. Ich wollte verstehen, wollte herausfinden, ob es eine universelle Wahrheit gab, die mir helfen konnte, meinen Platz zu finden. Doch immer wieder stieß ich auf Regeln, auf Dogmen, auf Strukturen, die mich einengten. Warum musste wahre Zugehörigkeit immer an so viele Bedingungen geknüpft sein?

Es gibt Zeiten im Leben, in denen dieses Gefühl, irgendwo dazugehören zu wollen, besonders stark wird. Zeiten des Umbruchs, des Wandels. Wenn alles ins Wanken gerät, suchen wir Halt. Wir wollen wissen, wo unser Platz ist. Denn Zugehörigkeit gibt Orientierung. Sie bedeutet: Du bist nicht allein. Sie gibt uns ein Zuhause, ein Wir-Gefühl. Sie sagt uns, wo wir hingehören - und wo nicht.

In den letzten Jahren konnte man das überall beobachten. Es gab so viele Themen, die die Welt spalteten: Globalisierung, Klimawandel, Migration, Corona. Und plötzlich wurde Zugehörigkeit zu einer Frage der Meinung. Es war nicht mehr nur eine persönliche Identität, es war ein Statement. Man war entweder für oder gegen etwas, es gab kaum noch Zwischenräume. Manche suchten sich ihre Wahrheit sorgfältig aus, andere griffen nach dem, was sich richtig anfühlte, ohne es zu hinterfragen. Aber eines blieb gleich: das Bedürfnis nach Gemeinschaft, nach einem Clan, der einen aufnahm.

Diese Art der Verbundenheit ist mächtig. Sie gibt Kraft, sie kann Menschen mobilisieren. Plötzlich standen Leute auf der Straße, die noch nie demonstriert hatten. Sie schrieben Leserbriefe, führten hitzige Debatten in Internetforen, kämpften für ihre Überzeugungen. Doch Zugehörigkeit kann auch eine dunkle Seite haben. Sie kann spalten, kann zerstören. Kann Mauern errichten, statt Brücken zu bauen.

Denn was passiert, wenn wir plötzlich nicht mehr in unser eigenes Gefüge passen? Wenn sich die Grenzen verschieben, wenn unser Clan uns nicht mehr schützt? Dann beginnt die innere Erosion. Dann fühlen wir uns verloren. Denn auch wenn wir heute nicht mehr körperlich sterben, wenn wir allein sind - innerlich können wir verkümmern. Langsam, schleichend, aber sicher.

Vielleicht hast du das auch schon erlebt. Vielleicht stehst du gerade an einem Punkt in deinem Leben, an dem du suchst. Nach Menschen, nach Zugehörigkeit, nach Sinn. Vielleicht bist du auch einer, der seinen Platz längst gefunden hat. Doch egal, wo du stehst - eines ist sicher: Die Sehnsucht nach Zugehörigkeit ist tief in uns allen verankert. Und manchmal, nur manchmal, liegt die größte Freiheit darin, zu erkennen, dass man sich selbst genug sein kann.

So suchte ich weiter. Ich wollte nicht nur irgendwo dazugehören, sondern wirklich verstehen, was mich ausmacht, was mich antreibt. Ich tauchte noch tiefer in spirituelle Texte ein, sprach mit Menschen, die verschiedene Wege eingeschlagen hatten. Einige fanden Erfüllung in der Religion, andere in der Meditation, wieder andere in der Philosophie oder in der Kunst. Doch je mehr ich suchte, desto klarer wurde mir, dass kein Weg der einzig richtige war. Jeder hatte seine eigene Wahrheit gefunden, seine eigene Art, das Leben zu begreifen. Und während ich all diese Perspektiven in mich aufnahm, begann ich, die Vielfalt der Welt nicht als verwirrend, sondern als bereichernd zu sehen.

Ich begriff, dass es nicht nur darum geht, irgendwo hineinzupassen. Wahre Zugehörigkeit beginnt in uns selbst. Sie entsteht nicht, indem wir uns anpassen oder uns einer Gruppe anschließen, sondern indem wir lernen, mit uns selbst im Reinen zu sein. Und vielleicht ist das die tiefste Form der Spiritualität: nicht eine äußere Struktur, die uns Halt gibt, sondern die Fähigkeit, diesen Halt in uns selbst zu finden.

Es ist ein langer Weg. Ein lebenslanger. Und vielleicht geht es nicht darum, anzukommen, sondern immer weiter zu suchen, immer weiter zu wachsen. Vielleicht ist genau das die schönste Form der Zugehörigkeit: die zu sich selbst.

17. Mein Körper und ich

Sportstunde. Dieser eine Moment in der Schulzeit, der sich eingebrannt hat. Der Boden in der Turnhalle riecht nach altem Leder, irgendwo quietscht eine Sohle, Bälle fliegen durch die Luft. Und du stehst am Rand, wartest darauf, in ein Team gewählt zu werden. Alle Namen werden aufgerufen, deiner bleibt bis zum Schluss. Wieder einmal bist du der oder die Letzte. Dieses Gefühl setzt sich fest, es wird ein Begleiter, unaufdringlich, aber hartnäckig.

Ich war nie der Sportliche. Nicht in der Schule, nicht in meiner Jugend. Sport bedeutete für mich Scham, eine ständige Erinnerung daran, dass mein Körper nicht so funktionierte, wie er sollte. Während die anderen ihre Muskeln entwickelten und über Körperbehaarung witzelten, stand ich daneben, ein Fremdkörper unter ihnen. Zu blass, zu weich, zu ungelenk, zu anders. Und die Haare? Die blieben aus. Oder wuchsen genau dort, wo ich sie nicht haben wollte. Mein Körper und ich - wir waren nicht im Einklang. Ich wollte, dass er anders war. Er wollte nicht. Ich konnte das Seil nie hochklettern. Nie. Nicht, weil ich es nicht wollte. Sondern weil mir die Kraft fehlte. Oder die Technik. Oder vielleicht einfach jemand, der mich anfeuerte und mir sagte: „Du schaffst das!"

Sexuelle Erfahrungen? Spät. Später als alle anderen. Zumindest, wenn ihre Geschichten der Wahrheit entsprachen und nicht nur Prahlerei waren. Und dann war da noch diese sexuelle Identität, die damals nicht so ganz in die Zeit passte. Es war, als würde ich in einem Körper wohnen, der mir nicht gehörte, in einer Wohnung, die nie richtig gemütlich wurde. Ich fühlte mich fremd in mir selbst, als müsste ich erst lernen, meinen Körper zu bewohnen, ihn anzunehmen, ihn als Teil von mir zu sehen, anstatt ihn zu bekämpfen.

Irgendwann wohnte ich in einem stark übergewichtigen Körper. Das fühlte sich nicht behaglich an. Jeder Schritt war schwerer, jede Bewegung ein Kraftakt. Ich wusste, ich brauchte Unterstützung. Nicht in Form von klugen Ratschlägen, sondern durch Menschen, die mich akzeptierten, so wie ich war. Menschen, die mir das Gefühl gaben, dass ich liebenswert bin - unabhängig davon, welche Zahl die Waage anzeigte. Und doch blieb immer diese eine Frage: Kann ich ihnen wirklich glauben? Kann ich mir selbst glauben?

Nach unzähligen Diäten, Rückschlägen und Momenten der Verzweiflung begann ich langsam zu verstehen, dass der Schlüssel nicht im Kampf gegen mich selbst lag, sondern in der Annahme dessen, was ist. Ich suchte mir medizinische und psychologische Unterstützung, um diesen Weg bewusster und mit mehr Verständnis für mich selbst zu gehen. Ich hörte auf, nach schnellen Lösungen zu suchen, und begann langsam damit, mich mit mir selbst zu versöhnen. Nicht, indem ich mich verändern wollte, sondern indem ich lernte, mich selbst und meinen Körper zu respektieren, ihm zuzuhören und ihn nicht mehr als Gegner zu betrachten. Es war ein Prozess, ein langsamer Weg, der mit jedem kleinen Schritt leichter wurde. Und dieser Weg war nur möglich, weil ich Menschen um mich hatte, die mich mit all meinen Facetten liebten und unterstützten. Gemeinsam durch dick und dünn - dieser Spruch bekam für mich eine ganz eigene Bedeutung.

Was ich gelernt habe? Dass Körper und Seele untrennbar miteinander verbunden sind. Dass Selbstannahme kein Ziel ist, das man irgendwann erreicht, sondern ein Prozess, ein ständiges Ringen mit sich selbst. Aber vor allem habe ich gelernt, dass ich nicht darauf warten kann, bis mein Körper endlich so ist, wie ich ihn mir wünsche, um mich gut zu fühlen. Ich bin nicht mein Gewicht. Ich bin nicht meine Unsicherheiten. Ich bin mehr. Und du bist es auch.

Vielleicht fühlst du dich manchmal fremd in deinem eigenen Körper. Vielleicht kämpfst du mit Erwartungen - deinen eigenen oder denen der Gesellschaft. Vielleicht kennst du diese innere Stimme, die dir sagt, dass du nicht genug bist. Ich kenne sie auch. Aber du musst ihr nicht glauben. Du darfst dich selbst annehmen. Mit all deinen vermeintlichen Makeln, mit allem, was du bist. Denn du bist genug. Genau so, wie du bist.

Und genau hier beginnt der wichtigste Teil der Reise: die Beziehung zu dir selbst. Selbstannahme bedeutet nicht, sich selbst zu belügen oder zu behaupten, dass alles perfekt ist. Es bedeutet, mit sich selbst in den Dialog zu treten, sich zu verstehen und liebevoll mit sich umzugehen. Es bedeutet, nicht gegen sich selbst zu kämpfen, sondern sich mit der eigenen Geschichte auszusöhnen. Dein Körper ist nicht dein Feind. Er ist dein Zuhause. Und vielleicht hat er nicht immer das getan, was du von ihm erwartet hast. Vielleicht hast du ihn manchmal gehasst, dich in ihm gefangen gefühlt, ihn als Last empfunden. Aber er hat dich bis hierher gebracht. Er hat dir ermöglicht, zu fühlen, zu erleben, zu wachsen. Es ist Zeit, ihn nicht mehr abzulehnen, sondern ihn zu ehren.

Selbstannahme ist eine Entscheidung. Eine tägliche, bewusste Entscheidung. Sie bedeutet nicht, sich aufzugeben oder Stillstand zu akzeptieren. Sie bedeutet, sich selbst mit Verständnis zu begegnen, den eigenen Wert nicht von Äußerlichkeiten oder gesellschaftlichen Idealen abhängig zu machen. Es bedeutet, sich mit sich selbst zu verbünden.

Es wird Momente geben, in denen es schwerfällt. Tage, an denen die alte Stimme in deinem Kopf lauter ist als die neue. Und das ist okay. Veränderung geschieht nicht über Nacht. Doch jeder kleine Schritt in Richtung Selbstannahme ist ein Sieg. Jeder Moment, in dem du dich entscheidest, dich selbst mit Nachsicht und Mitgefühl zu betrachten, bringt dich näher zu dir selbst.

Du bist mehr als dein Körper. Mehr als die Worte, die andere über dich sagen. Mehr als deine Zweifel. Und du verdienst es, dich in deinem eigenen Leben, in deinem eigenen Körper, wohlzufühlen. Nicht irgendwann, wenn du bestimmte Ziele erreicht hast. Sondern jetzt.

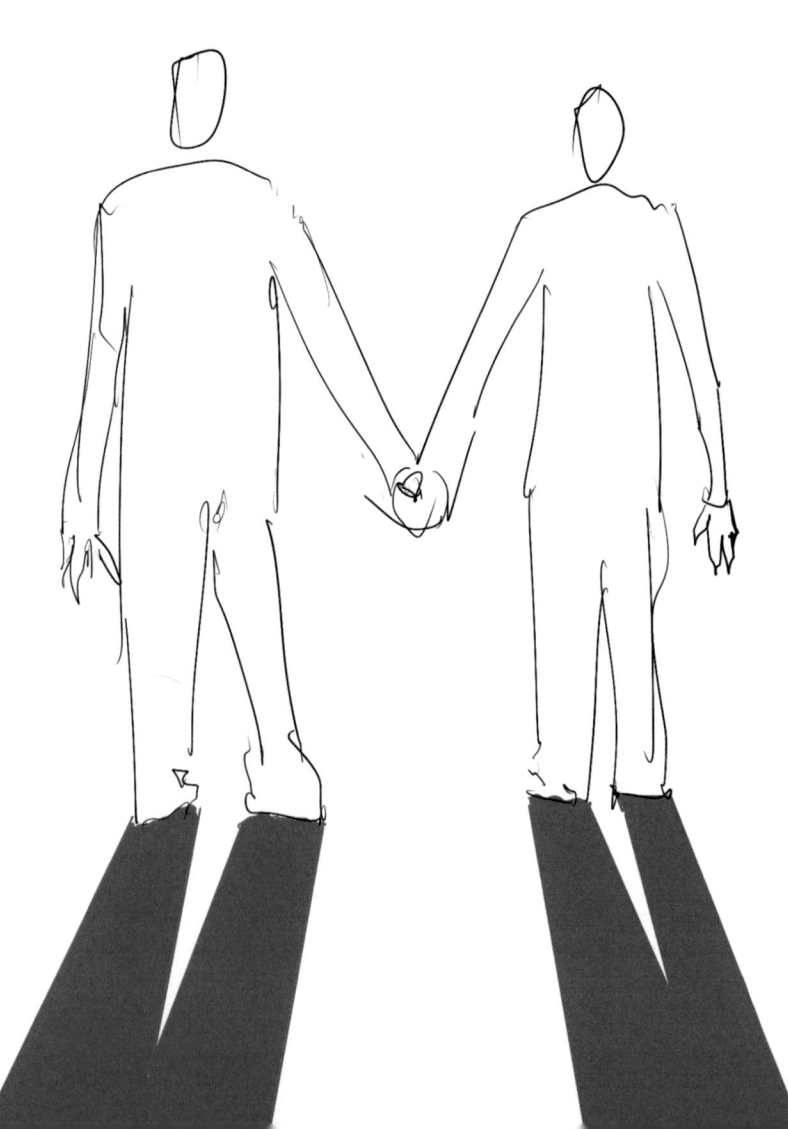

18. Beziehungen sind kompliziert

Meine Beziehung hat sich im Laufe der Jahre verändert. Anfangs war vieles leicht und selbstverständlich, doch mit der Zeit gab es Momente, in denen wir einander nicht mehr so gut verstanden wie zuvor. Missverständnisse entstanden, Erwartungen prallten aufeinander, und manchmal hatten wir das Gefühl, uns auf unterschiedliche Richtungen zuzubewegen. Doch je mehr wir lernten, aufeinander einzugehen, desto klarer wurde uns, dass eine Partnerschaft nicht von allein funktioniert.

Vertrauen entwickelte sich nicht durch große Versprechen, sondern durch alltägliche Verlässlichkeit. Es war das Einhalten von Abmachungen, das Zuhören ohne sofortige Lösungsvorschläge, das ehrliche Eingestehen von Unsicherheiten. Es waren nicht die großen Gesten, die Sicherheit gaben, sondern die kleinen, wiederholten Zeichen von Verbindlichkeit. Gerade in schwierigen Momenten zeigte sich, dass Vertrauen keine Selbstverständlichkeit ist, sondern eine stetige Entscheidung füreinander. Vielleicht kennst du dieses Gefühl - den Moment, in dem du dich fragst, ob du dich wirklich auf jemanden verlassen kannst. Oder den Augenblick, in dem du erkennst, dass Vertrauen nicht nur gegeben, sondern immer wieder bestätigt werden muss. Wie oft hast du erlebt, dass Misstrauen nicht durch große Fehler, sondern durch viele kleine Unsicherheiten entsteht? Und wie gehst du selbst damit um, wenn du spürst, dass jemand sein Vertrauen in dich verliert? Im Alltag bedeutete das für uns, Entscheidungen nicht allein zu treffen, sondern miteinander zu besprechen. Herausforderungen wurden nicht isoliert bewältigt, sondern gemeinsam reflektiert. Wenn einer von uns eine schwere Phase hatte, versuchten wir, die Last nicht einseitig zu verteilen. Stattdessen fanden wir Wege, uns gegenseitig zu entlasten. Diese Form der Zusammenarbeit gab uns die Sicherheit, nicht allein zu sein. Vielleicht hast du es auch schon erlebt, dass ein Gefühl der Gemeinschaft nicht einfach da ist, sondern durch das tägliche Mitdenken füreinander wächst. Manchmal stellt sich dabei die Frage, wie viel Nähe du brauchst, wann du dich wirklich als Teil eines Ganzen fühlst oder ob du eher Freiraum benötigst. Wann hast du das letzte Mal bewusst wahrgenommen, wie sich deine Rolle in einer Beziehung verändert? Wieviel Verantwortung bist du bereit zu tragen, und wo beginnt für dich der Punkt, an dem du dich selbst verlierst?

Ein wesentlicher Bestandteil unserer Beziehung war das Gefühl, in der Gegenwart des anderen Ruhe zu finden. Es waren nicht immer Gespräche oder gemeinsame Aktivitäten, die zählten, sondern oft nur die Gewissheit, dass jemand da war. In belastenden Zeiten war es nicht nötig, jedes Problem in Worte zu fassen - manchmal reichte das bloße Zusammensein, um sich wieder stabiler zu fühlen. Vielleicht gibt es für dich bestimmte Rituale oder Gesten, die dir das Gefühl geben, angekommen zu sein. Oder du kennst die Momente, in denen du dachtest, Geborgenheit zu finden, aber stattdessen Unsicherheit gespürt hast. Was bedeutet es für dich, sich wirklich fallen lassen zu können? Und wie oft erlebst du es, dass du Sicherheit suchst, sie aber nicht dort findest, wo du sie erwartest? Dennoch blieb unsere Beziehung nicht frei von Spannungen. Es gab Phasen, in denen wir uns auseinanderlebten, in denen

Erwartungen enttäuscht wurden oder die Routine schwer auf uns lastete. Gerade in solchen Zeiten wurde uns bewusst, dass Nähe nicht bedeutet, ständig einer Meinung zu sein, sondern sich trotz Meinungsverschiedenheiten gegenseitig zu respektieren. Der Wunsch nach Harmonie musste manchmal dem Bedürfnis nach ehrlicher Auseinandersetzung weichen. Vielleicht gibt es auch in deinen Beziehungen Themen, die du lieber vermeidest, weil sie zu Streit führen könnten. Oder du hast die Erfahrung gemacht, dass manche Konflikte im Nachhinein mehr Klarheit gebracht haben, als es ein unausgesprochener Kompromiss je hätte tun können. Wann warst du zuletzt in einer Situation, in der du zwischen Harmonie und Ehrlichkeit abwägen musstest? Und wie oft hast du dich gefragt, ob das Schweigen wirklich der einfachere Weg ist?

Mit der Zeit wurde uns klar, dass eine Beziehung sich nicht von selbst erhält. Sie erfordert Aufmerksamkeit und Bereitschaft zur Reflexion. An manchen Tagen fühlt sie sich mühelos an, an anderen kostet sie Kraft. Doch genau darin liegt ihre Stärke: Sie ist nicht statisch, sondern wandelt sich mit uns. Vielleicht hast du dich auch schon gefragt, was du bereit bist, in einer Partnerschaft zu geben - und wo deine Grenzen liegen. Welche Kompromisse erscheinen dir sinnvoll, welche wären für dich nicht verhandelbar? Hast du dich jemals in einer Situation wiedergefunden, in der du dachtest, du müsstest dich anpassen, nur um die Beziehung nicht zu gefährden? Wo endet deine Bereitschaft, nachzugeben, und wo beginnt der Punkt, an dem du für dich selbst einstehen musst?

Oft nehmen wir in Beziehungen Dinge als gegeben hin, ohne sie zu hinterfragen. Vielleicht hast du dich ebenfalls schon einmal dabei ertappt, alte Muster aus vergangenen Beziehungen zu wiederholen, ohne es bewusst zu merken. Die Auseinandersetzung damit kann helfen, Beziehungen bewusster zu gestalten. Sie lädt dazu ein, nicht nur den anderen besser zu verstehen, sondern auch sich selbst. Doch wie oft hinterfragst du wirklich, warum du in einer Beziehung so handelst, wie du es tust? Und was würde passieren, wenn du dir selbst erlaubst, tiefer in diese Fragen einzutauchen:

Wann fühlst du dich in einer Beziehung wirklich sicher und verstanden?

Welche Erwartungen hast du an deinen Partner oder deine Partnerin - und sind sie dir selbst klar?

Wie gehst du mit Konflikten um, und welche Strategien haben sich für dich als hilfreich erwiesen?

Wo liegen deine persönlichen Grenzen, und wie kommunizierst du sie?

In welchen Momenten hast du dich selbst in einer Beziehung zurückgenommen, um den Frieden zu wahren?

Was bedeutet Nähe für dich, und wie viel Raum brauchst du für dich selbst?

Welche Muster aus früheren Beziehungen wiederholen sich möglicherweise auch in deinen aktuellen oder zukünftigen Partnerschaften?

19. Tränen reinigen die Seele

Anna saß mir gegenüber, die Schultern gesenkt, Tränen rannen über ihr Gesicht. Gerade hatte sie eine Krise bewältigt, schon klopfte die nächste unbarmherzig an ihre Tür und forderte ihre Aufmerksamkeit. Wumms! "Hört das denn gar nicht mehr auf?", fragte sie mit einer Stimme, die von Erschöpfung und Verzweiflung getränkt war.

Sie hatte eine aufreibende Scheidung hinter sich, einen nervenzerfetzenden Kampf um das Sorgerecht ihrer kleinen Tochter. Nun drohte ihr auch noch der Verlust ihres Arbeitsplatzes, da ihre Firma einen massiven Stellenabbau plante. Die Angst, ihre letzten Kraftreserven aufzubrauchen, machte sich in ihr breit. Existenzängste nagten an ihr, die Last der Verantwortung erdrückte sie. Sie schlief kaum noch, ihre Gedanken kreisten unaufhörlich um die gleichen Sorgen, ihr Körper reagierte mit Magenkrämpfen, Kopfschmerzen, Konzentrationsproblemen. Alles wurde ihr zu viel. "Ich weiß nicht mehr weiter", flüsterte sie.

So wie Anna geht es vielen. Wenn das Leben zuschlägt, dann oft mit voller Wucht. Eine Krise jagt die nächste, kaum hat man sich aufgerichtet, kommt der nächste Schlag. Es gibt Momente, in denen alles zu zerbrechen scheint. Vielleicht hast du solche Zeiten selbst schon erlebt. Zeiten, in denen du dachtest: Das ist zu viel, das schaffe ich nicht.

Aber was, wenn genau in diesem Chaos eine Chance liegt? Was, wenn jede Krise, so schmerzhaft sie auch ist, auch eine verborgene Möglichkeit in sich trägt?

Ich erklärte Anna, dass das Wort "Krise" aus dem Griechischen stammt und ursprünglich "Entscheidung" bedeutet. Krisen zwingen uns, Entscheidungen zu treffen. Sie rütteln uns auf, zwingen uns, zu handeln, uns neu zu sortieren. Das mag beängstigend sein, aber es bedeutet auch: Es gibt einen Weg hinaus. Doch wie findet man ihn, wenn alles chaotisch und überwältigend erscheint?

Die Psychologie spricht von Resilienz, der Fähigkeit, trotz widriger Umstände standhaft zu bleiben. Menschen mit hoher Resilienz haben oft Strategien entwickelt, um mit Stress, Angst und Unsicherheit umzugehen. Doch Resilienz ist keine angeborene Eigenschaft. Sie kann erlernt und gestärkt werden. Einer der ersten Schritte besteht darin, sich die eigene Wahrnehmung bewusst zu machen.

Unsere Gedanken formen unsere Realität. Wenn wir eine Krise als unüberwindbares Hindernis betrachten, dann fühlt sie sich genau so an. Doch wenn wir sie als eine Herausforderung sehen, als eine Möglichkeit zu wachsen, dann ändert sich unsere gesamte innere Haltung.

Ich bat Anna, ihre Gedanken zu ordnen. Ein einfaches, aber wirkungsvolles Mittel: Sie schrieb jede Sorge, jedes Problem auf einen eigenen Zettel. Wir breiteten die Zettel vor uns aus, sortierten sie, strukturierten das Chaos. Dann bewerteten wir jedes Thema nach Dringlichkeit und Wichtigkeit. Ein erster Schritt, um Kontrolle zurückzugewinnen.

Als sie die vielen kleinen Zettel vor sich sah, wurde ihr

klar: Sie könnte Schritt für Schritt vorgehen. Nicht alles auf einmal, sondern eins nach dem anderen. Plötzlich erschien ihr Berg an Problemen nicht mehr als unbezwingbares Hindernis, sondern als eine Reihe einzelner Herausforderungen.

Und so ist es oft im Leben. Wir sehen das Gesamtbild, das uns zu erdrücken droht, anstatt uns auf die einzelnen Schritte zu konzentrieren. Aber kein Weg wird in einem einzigen Sprung bewältigt. Es sind die kleinen, bewussten Schritte, die uns voranbringen.

Ein weiteres wichtiges Konzept in der Psychologie ist die Selbstwirksamkeitserwartung. Diese beschreibt das Vertrauen in die eigene Fähigkeit, Herausforderungen zu meistern. Studien zeigen, dass Menschen, die an ihre eigene Kompetenz glauben, erfolgreicher Krisen bewältigen.

Ich ermutigte Anna, sich an Situationen zu erinnern, in denen sie bereits schwierige Herausforderungen gemeistert hatte. Sie erkannte, dass sie in der Vergangenheit oft stärker war, als sie sich selbst zutraute.

Nach unserem Gespräch war Anna nicht plötzlich sorgenfrei, aber sie sah wieder Licht am Ende des Tunnels. Sie war nicht mehr handlungsunfähig, sondern erkannte ihre Möglichkeiten. Sie wischte sich die Tränen aus dem Gesicht, ein neuer Ausdruck von Entschlossenheit und Hoffnung in ihren Augen.

Vielleicht stehst auch du gerade an einem Punkt, an dem dir alles zu viel wird. Vielleicht fühlst du dich hilflos, überfordert, weißt nicht, wo du anfangen sollst. Aber erinnere dich: Krisen sind Entscheidungen. Und du hast die Kraft, sie zu treffen. Einen Schritt nach dem anderen. Es gibt immer einen Weg.

Du schaffst das

Wenn deine Welt in Trümmern liegt
und keine Antwort bei dir wiegt,
wenn jeder Schritt ein Wunder wär
und alles in dir müde, leer -

dann halt nur einen Augenblick,
sieh nicht nach vorn, nicht mehr zurück.
Sei einfach da, so wie du bist,
auch wenn du grad das Licht vermisst.

Denn in dir wohnt ein leiser Mut,
der still für dich das Beste tut.
Er fällt nicht auf, macht keinen Lärm -
doch er ist echt, lebendig, warm.

Du musst nicht alles heute können,
nicht kämpfen, rennen, Grenzen sprengen.
Es reicht, wenn du dich selbst verstehst
und einen Hauch nach vorne gehst.

Du bist genug - genau wie jetzt.
Und was auch kommt, du bleibst gesetzt
im Strom des Lebens, stark und weich -
der Weg ist holprig. Doch er reicht.

20. Lass deine Ängste weiterziehen

Ich war kein Wunschkind, sondern eine Fluchthilfe. Meine Geburt ermöglichte es meiner Mutter, mit 16 Jahren das Elternhaus zu verlassen. Sie war jung, überfordert und suchte verzweifelt nach einem Ausweg aus der Enge ihres Elternhauses. Doch das Leben bot ihr nicht die ersehnte Freiheit, sondern stellte sie vor neue Herausforderungen. Kaum zwei Jahre nach meiner Geburt floh sie aus ihrer ersten überstürzten Ehe in die nächste. Vielleicht hoffte sie, dort endlich den Halt zu finden, den sie suchte, doch auch diese zweite Ehe wurde zu einem jahrelangen Martyrium, das ich als Kind hautnah miterlebte. Die Spannungen, die Konflikte, die unausgesprochenen Vorwürfe lagen wie eine dichte, bleierne Wolke über unserem Zuhause. Ich lernte früh, mich unsichtbar zu machen, um dem Sturm zu entgehen. Doch auch diese Ehe hielt nicht. Und so folgte für mich und meine jüngere Schwester Papa Nummer drei. Ein neuer Mann, ein neues Zuhause, eine neue Lebensrealität. Wieder wurde alles auf den Kopf gestellt. Neue Regeln, neue Erwartungen, neue Enttäuschungen. In meiner Pubertät kam es dann zur endgültigen Trennung vom Elternhaus. Nicht freiwillig, aber unausweichlich. Jede dieser Veränderungen bedeutete eine komplette Umstellung meiner Lebensumstände, oft innerhalb weniger Tage. Ich lernte, schnell loszulassen, mich anzupassen, neue Orte zu verstehen, neue Menschen einzuschätzen. Doch mit jedem Umbruch riss eine weitere Wunde auf. Phasen der Annäherung und des neuerlichen Kontaktabbruchs prägten meine Beziehung zur Familie. Ein konstantes Auf und Ab, das sich tief in meine Seele grub.

Bis heute begleitet mich die Existenzangst. Sie ist kein ständiger Begleiter, aber wenn sie auftaucht, dann legt sie sich wie ein schwerer Schatten auf mein Gemüt. Sie zieht mich in ein tiefes Loch, in dem ich mein Sein und meine Zukunft infrage stelle. Völlig. Sie spricht mit einer leisen, aber eindringlichen Stimme: "Was, wenn alles zusammenbricht? Was, wenn du den nächsten Sturz nicht mehr auffangen kannst? Was, wenn du am Ende allein bist?" Diese Gedanken sind tückisch, weil sie so real erscheinen. Doch ich habe gelernt, mit ihnen zu leben, auch wenn ich sie wohl nie ganz überwinden werde. Sie sind wie alte Bekannte, die ich nicht eingeladen habe, die sich aber immer wieder in mein Leben schleichen. Veränderungen, große wie kleine, befeuern sie. Und damit bin ich nicht allein.

Ich erinnere mich gut an einen wohlhabenden Klienten, der unter immensem Stress litt. Ich sollte ihm mit einer Trancereise helfen, sich wieder zu entspannen. Doch zu meinem großen Erstaunen reagierte er mit Widerstand. Das Wort "tiefer" löste in ihm Panik aus, denn er assoziierte es mit sozialem Abstieg. Für ihn bedeutete "tiefer" nicht Entspannung, sondern Kontrollverlust, Absturz, Existenzbedrohung. So sehr wir uns Veränderung wünschen, so sehr kann uns etwas in uns selbst daran hindern. Diffuse Ängste, oft tief verwurzelt, lassen selbst bei großem Leidensdruck keine Bewegung zu.

Immer wieder erlebe ich in meinen Beratungen Menschen, die an ihrer gewohnten Situation festhalten, selbst wenn sie unerträglich geworden ist. Es ist paradox: Sie leiden, sie wissen, dass es so nicht weitergehen kann, und doch verharren sie in ihrer

Komfortzone. Sicherheit ist eine Illusion, und doch klammern wir uns an sie, als wäre sie das Einzige, was uns vor dem Abgrund bewahrt. Wir wünschen uns ein Netz, einen doppelten Boden, einen klaren Plan für den nächsten Schritt. Doch das Leben ist kein Wunschkonzert.

Sich der Realität zu stellen, ist eine bewusste Entscheidung. Ebenso wie die Entscheidung, weiterhin in der Illusion zu leben. Wenn mich meine Existenzangst überfällt, erinnere ich mich an eine einfache Weisheit von Konfuzius: "Beklage dich nicht über die Dunkelheit. Zünde eine Kerze an." Manchmal gefällt mir nicht, was ich im Licht dieser Kerze sehe. Und manchmal ist der Weg vor mir nur spärlich beleuchtet. Aber selbst ein schwaches Licht ist mir lieber als die absolute Dunkelheit.

Angst, die nicht vorübergeht, kann lähmen. Doch ich entscheide mich, meinen Rucksack zu packen, mit leichtem Gepäck zu reisen und loszugehen. Ich stolpere, falle, stehe wieder auf, lerne und gehe weiter. Nicht weil ich besonders mutig bin, sondern weil das Leben mich gelehrt hat, dass Stillstand mich nicht schützt, sondern mir nur die Chance nimmt, Neues zu entdecken. Jeder Schritt, auch der unsichere, ist ein Schritt in Richtung Zukunft.

Das Leben ist eine Reise durch unbekanntes Gebiet. Jeder Schritt fordert Mut, jede Entscheidung birgt Risiken. Doch nur wer sich bewegt, kann neue Wege entdecken. Ich weiß heute, dass der Schmerz der Vergangenheit nicht mehr meine Gegenwart bestimmen muss. Jeder von uns trägt Narben, die uns geprägt haben. Doch sie sind nicht unser Schicksal. Sie sind Kapitel unserer Geschichte, aber nicht das Ende des Buches.

Angst mag ein ständiger Begleiter sein, aber sie ist nicht diejenige, die über meine Schritte bestimmt. Ich habe gelernt, mich ihr zu stellen, ihr zuzuhören, aber ihr nicht die Kontrolle zu überlassen. Denn das Leben ist mehr als Angst. Es ist die Summe all unserer Erfahrungen, unserer Entscheidungen und unseres Mutes, weiterzugehen, auch wenn der nächste Schritt unsicher ist.

Lass dich nicht von deinen Ängsten regieren. Packe deinen eigenen Rucksack, wähle mit Bedacht, was du mitnehmen willst, und geh los. Denn du hast mehr Kraft, als du denkst. Die Welt wartet auf dich. Und du hast es verdient, deinen eigenen Weg zu gehen.

Gute Reise!

21. Das Geschenk der Ent-Täuschung

Du kennst sie. Die Momente, in denen sich dein Brustkorb eng anfühlt, als würde er zusammengedrückt. Dein Herz schlägt schwerer, der Kopf ist voll mit Gedanken, die sich um eine einzige Sache drehen: Enttäuschung. Jemand hat dich verletzt. Oder du hast dich selbst enttäuscht. Vielleicht hast du gehofft, geglaubt, erwartet - und dann kam alles anders. Enttäuschung kann lähmend sein. Sie kann uns bitter machen, zynisch oder sogar verzweifelt. Doch wenn wir uns das Wort genauer ansehen, steckt darin etwas Erstaunliches: Ent-Täuschung. Das Ende einer Täuschung. Eine Offenbarung. Ein Moment der Wahrheit.

Enttäuschung entsteht immer dann, wenn die Realität nicht mit unseren Erwartungen übereinstimmt. Das ist ein einfacher, aber mächtiger Mechanismus. Wir alle haben Vorstellungen davon, wie die Dinge laufen sollten - in der Liebe, im Beruf, in Freundschaften oder einfach im Alltag. Doch das Leben hält sich nicht an unsere Pläne. Menschen verhalten sich nicht so, wie wir es uns wünschen. Wir selbst sind nicht immer so, wie wir es von uns erwarten. Und so kommt es zu diesen Momenten, in denen die Illusion zerplatzt. Was bleibt, ist Enttäuschung.

Doch anstatt uns von ihr niederschlagen zu lassen, können wir sie als Chance begreifen. Denn Enttäuschung zeigt uns die Wahrheit. Sie nimmt uns die Illusion und führt uns zur Wirklichkeit. Sie zwingt uns hinzusehen, zu erkennen, wo wir uns getäuscht haben. Vielleicht haben wir einer Person mehr Vertrauen geschenkt, als sie verdient hat. Vielleicht haben wir geglaubt, dass wir eine bestimmte Aufgabe mit Leichtigkeit meistern, obwohl sie mehr Vorbereitung gebraucht hätte. Vielleicht haben wir uns selbst für stärker gehalten, als wir in diesem Moment waren. Enttäuschung bringt Klarheit. Und Klarheit ist der erste Schritt zu Veränderung.

Psychologisch betrachtet ist Enttäuschung eng mit unseren Erwartungen und unserem Selbstbild verbunden. Unsere Erwartungen basieren auf Erfahrungen, auf Erzählungen, auf Hoffnungen. Sie sind oft tief in uns verankert. Manche sind uns gar nicht bewusst. Wir erwarten zum Beispiel, dass jemand, der uns nahe steht, unsere Bedürfnisse erkennt, ohne dass wir sie aussprechen. Wir erwarten, dass unser Einsatz im Job anerkannt wird. Wir erwarten, dass eine bestimmte Anstrengung zu einem bestimmten Erfolg führt. Doch das Leben ist komplexer. Menschen sind keine Gedankenleser. Anerkennung ist kein Automatismus. Und Erfolg ist nicht immer eine direkte Folge von harter Arbeit. Die Erkenntnis, dass unsere Erwartungen nicht immer erfüllt werden, kann schmerzhaft sein. Aber sie kann uns auch freier machen. Denn wenn wir uns unserer Erwartungen bewusst werden, können wir sie hinterfragen. Wir können prüfen, ob sie realistisch sind, ob sie uns dienen oder ob sie uns immer wieder in Enttäuschung führen.

Ein weiterer wichtiger Aspekt ist, wie wir mit Enttäuschung umgehen. Manche Menschen ziehen sich zurück, wenn sie enttäuscht werden. Sie werden misstrauisch, vorsichtig, lassen niemanden mehr an sich heran. Andere reagieren mit Wut, machen ihrem Ärger Luft oder versuchen, die Schuld auf andere abzuwälzen.

Wieder andere resignieren, verlieren den Glauben an das Gute und hören auf, sich für ihre Träume einzusetzen. Doch keiner dieser Wege führt zu Zufriedenheit. Ein bewussterer Umgang mit Enttäuschung beginnt mit der Akzeptanz. Es ist okay, enttäuscht zu sein. Es ist okay, zu fühlen, was man fühlt. Aber es ist nicht nötig, in dieser Enttäuschung stecken zu bleiben. Stattdessen kann sie als Impuls genutzt werden, um nach vorn zu schauen. Was habe ich gelernt? Was kann ich daraus mitnehmen? Wie kann ich meine Erwartungen anpassen, ohne zynisch zu werden? Und was kann ich tun, um in Zukunft klarer zu kommunizieren, besser für mich selbst zu sorgen oder realistischere Einschätzungen zu treffen?

Ein Beispiel aus der Psychologie zeigt, wie mächtig dieser Perspektivwechsel sein kann. Forschungen zur kognitiven Verhaltenstherapie legen nahe, dass unsere Gedanken die Art und Weise beeinflussen, wie wir Gefühle erleben. Wenn wir eine Enttäuschung als persönlichen Angriff sehen, wird sie uns lange belasten. Wenn wir sie als natürlichen Teil des Lebens akzeptieren, können wir schneller damit umgehen. Das bedeutet nicht, dass wir alles hinnehmen müssen. Es bedeutet, dass wir lernen können, unsere Emotionen zu regulieren, indem wir unsere Sichtweise ändern. Wenn jemand dein Vertrauen missbraucht, kannst du dich fragen: Habe ich wirklich falsch gelegen? Oder hat die andere Person einfach anders gehandelt, als ich erwartet habe? War meine Erwartung realistisch? Und was sagt das über mich aus? Diese Reflexion kann helfen, die Enttäuschung als Wegweiser zu nutzen - nicht als Sackgasse.

Eine besondere Form der Enttäuschung ist die Selbstenttäuschung. Sie kann besonders schwer wiegen. Wir alle haben Momente, in denen wir uns selbst nicht gerecht werden. Vielleicht wollten wir mutiger sein, disziplinierter, freundlicher. Vielleicht haben wir uns Ziele gesetzt und sie nicht erreicht. Vielleicht haben wir Fehler gemacht, von denen wir dachten, wir wären längst darüber hinaus. Selbstenttäuschung kann hart sein, weil sie unser Selbstbild ins Wanken bringt. Doch auch hier steckt eine Chance. Denn sie zeigt uns, wo wir wachsen können. Sie zeigt uns, was uns wirklich wichtig ist. Wenn wir uns selbst enttäuschen, können wir innehalten und fragen: Warum habe ich anders gehandelt, als ich wollte? Gab es einen Grund? War die Erwartung an mich selbst realistisch? Oder war sie vielleicht zu hoch gesetzt? Statt uns für unsere Fehler zu verurteilen, können wir aus ihnen lernen.

Ein weiterer hilfreicher Ansatz ist die radikale Akzeptanz. Dieser Begriff stammt aus der Dialektisch-Behavioralen Therapie und bedeutet, die Dinge so anzunehmen, wie sie sind, ohne sie sofort ändern zu wollen. Enttäuschung ist schmerzhaft. Aber sie ist auch ein natürlicher Teil des Lebens. Wenn wir lernen, sie zu akzeptieren, ohne uns von ihr überwältigen zu lassen, können wir gelassener werden. Wir können lernen, unsere Erwartungen bewusster zu setzen, flexibler zu bleiben und Enttäuschung als das zu sehen, was sie ist: eine Gelegenheit zur Erkenntnis.

Denn letztendlich ist jede Enttäuschung eine Einladung. Eine Einladung, genauer hinzusehen, sich selbst und andere besser zu verstehen, neue Wege zu beschreiten. Sie fordert uns auf, aus gewohnten Denkmustern auszubrechen, mutiger zu werden und uns weiterzuentwickeln. Sie ist ein Weckruf, der uns daran erinnert, dass wir nicht Opfer unserer Umstände sind, sondern Gestalter unseres Lebens. Wer Enttäuschung als Chance begreift, kann aus ihr Kraft schöpfen - nicht nur, um neue Entscheidungen zu treffen, sondern um mit jeder Erfahrung bewusster und stärker zu werden.

Enttäuschung wird nie ganz verschwinden. Sie gehört zum Leben. Doch die Frage ist, was wir aus ihr machen. Lassen wir sie uns entmutigen? Oder nutzen wir sie als Chance, um bewusster zu leben, klarer zu kommunizieren und realistischer zu hoffen? Vielleicht können wir sie sogar als Geschenk betrachten - als schmerzhafte, aber wertvolle Lehrmeisterin, die uns zeigt, wo wir uns noch selbst täuschen. Denn wenn die Täuschung fällt, kann etwas Neues entstehen: Wahrheit. Und aus Wahrheit kann Wachstum entstehen. Vielleicht liegt darin das größte Geschenk der Ent-Täuschung.

22. Die Kraft von Ritualen

Die Welt dreht sich unaufhaltsam weiter, und mit ihr verändert sich unsere Gesellschaft. Manchmal geschieht das in eine Richtung, die uns verunsichert oder befremdet. Wir können den Lauf der Zeit nicht anhalten, nicht zurückdrehen - alles fließt, nichts bleibt, wie es war. Panta rhei. Vielleicht hast du dieses Gefühl auch schon erlebt: den Wunsch, für einen Moment innezuhalten, um etwas Vertrautes festzuhalten. Es ist ein tief verwurzeltes Bedürfnis, das uns zu lieb gewordenen Traditionen, kleinen Ritualen und wiederkehrenden Handlungen greifen lässt. Wir sehnen uns nach dem Gefühl von Vertrautheit, nach Sicherheit in einer Welt, die sich scheinbar ständig wandelt.

Rituale sind unsere unsichtbaren Anker. Sie verbinden Vergangenheit und Gegenwart, schenken uns Stabilität und Halt. Ein Ritual kann etwas so Einfaches sein wie der erste Schluck Kaffee am Morgen oder das bewusste Durchatmen vor einer wichtigen Entscheidung. Es kann aber auch in einer gemeinsamen Feier liegen, einem festlichen Brauch, den du mit anderen teilst. Rituale haben die Kraft, uns mit uns selbst und mit anderen zu verbinden. Sie geben Orientierung, besonders in unsicheren Zeiten. Hast du schon einmal darüber nachgedacht, welche Rituale dir in deinem Leben Halt geben?

Der Ursprung des Wortes „Ritual" liegt im Begriff „Ritus", der ursprünglich eine religiöse Zeremonie bezeichnete. Diese festgelegten Worte, Bewegungen und Symbolhandlungen dienten dazu, das Wohl der Gemeinschaft zu sichern. Sie schufen Zusammenhalt und Schutz. Auch heute noch spielen viele Rituale eine große Rolle, selbst wenn ihr religiöser Ursprung für manche nicht mehr zentral ist. Warum feiern wir Weihnachten, Ostern oder andere Feste? Weil es uns guttut, weil es verbindet. Selbst wenn wir vielleicht nicht mehr an die ursprüngliche Bedeutung glauben, ist das gemeinsame Erleben von Bräuchen tief in uns verankert.

Doch was passiert, wenn diese Rituale verschwinden? Wenn niemand mehr da ist, mit dem du um den geschmückten Baum stehen oder gemeinsam singen kannst? Wenn vertraute Traditionen wegbrechen? Dann versuchen wir oft instinktiv, neue Wege zu finden, um uns Halt zu geben. Ich kenne Menschen, die ihren Weihnachtsbaum für ihre Katze schmücken, einfach weil es sich ohne die warmen Erinnerungen an das Ritual zu leer anfühlen würde. Andere entzünden eine Kerze für jemanden, den sie verloren haben, und stellen sie ins Fenster - ein stilles Zeichen der Verbundenheit, das über Zeit und Raum hinausreicht.

Besuche auf Friedhöfen sind ein weiteres Beispiel dafür, wie Rituale uns helfen, mit Verlust und Veränderung umzugehen. Das Schmücken der Gräber, das Sprechen eines Gebets oder einfach nur das stille Verweilen an einem vertrauten Ort - all das sind Möglichkeiten, uns mit unseren Erinnerungen zu verbinden und das Gefühl von Nähe aufrechtzuerhalten. Manchmal braucht es keine großen Gesten. Manchmal reicht es, sich einen Moment zu nehmen und bewusst an jemanden zu denken.

Aber nicht nur große, überlieferte Bräuche sind bedeutsam - auch unsere persönlichen Alltagsrituale haben eine enorme Kraft. Sie sind wie kleine Inseln der Verlässlichkeit im Ozean des Unvorhersehbaren. Hast du schon einmal darüber nachgedacht, welche kleinen Routinen dir helfen, dich sicherer und geborgener zu fühlen? Vielleicht ist es die heiße Dusche nach einem anstrengenden Tag. Oder das Schreiben eines Tagebucheintrags, um die Gedanken zu sortieren. Vielleicht ist es ein bestimmtes Lied, das du hörst, wenn du Kraft brauchst.

Eine Freundin hat einmal zu mir gesagt: „Es ruckelt, wenn das Leben in den nächsten Gang schaltet." Genau dann, wenn es ruckelt, wenn Veränderungen uns herausfordern, suchen wir nach Halt. Rituale können genau dieser Halt sein. Sie helfen uns, das Leben in all seinen Höhen und Tiefen besser zu navigieren. Vielleicht ist es an der Zeit, dich zu fragen: Welche Rituale begleiten dich? Welche möchtest du bewusst weiterführen? Und vielleicht noch wichtiger: Welche neuen Rituale könnten dir in Zukunft Kraft schenken?

Egal, welche Wege du gehst - Rituale sind wie unsichtbare Wegweiser. Sie geben dir Orientierung, spenden Kraft und lassen dich spüren, dass du nicht allein bist. Sie sind ein stilles Versprechen an dich selbst: dass es immer einen Anker gibt, an den du dich halten kannst, wenn das Leben wieder einmal ruckelt.

23. Das Ich im Wir

Du bist ein einzigartiger Mensch mit eigenen Gedanken, Gefühlen und Erfahrungen. Gleichzeitig bist du ein Teil von etwas Größerem. Dein Leben ist eingebunden in Gemeinschaften, Beziehungen und Verbindungen, die dich prägen und beeinflussen. Das Ich im Wir zu finden, ist eine der wichtigsten Aufgaben auf dem Weg zu einem zufriedenen Leben.

Es gibt Momente, in denen du dich in einer Gruppe verloren fühlst. Du bist dabei, du redest, du lachst, aber trotzdem bleibt da manchmal ein Gefühl der Distanz. Dann gibt es das Gegenteil: Situationen, in denen du dich vollkommen zugehörig fühlst, verstanden, wertgeschätzt. Der Unterschied liegt nicht nur in den anderen, sondern auch in dir. Wie sehr bringst du dich ein? Wie sehr erlaubst du dir, authentisch zu sein, deine Meinung zu vertreten und gleichzeitig offen für die Gedanken der anderen zu bleiben?

Die Kunst des Ich im Wir bedeutet, du selbst zu sein, ohne das Wir zu verlieren. Es bedeutet, deine Werte zu kennen, sie zu vertreten, aber auch die der anderen zu respektieren. Es bedeutet, dich nicht in Anpassung zu verlieren, aber auch nicht so stur an deinem Standpunkt festzuhalten, dass du dich isolierst. Wie kann das gelingen? Es beginnt mit Selbstbewusstsein. Wer bin ich? Was ist mir wichtig? Und es geht weiter mit Empathie: Wer sind die anderen? Was bewegt sie? Wie kann ich in einer Gruppe so sein, dass ich sowohl mich selbst als auch die anderen achte?

Manchmal bedeutet das, den Mut zu haben, Nein zu

sagen. Nein zu Erwartungen, die nicht deine sind. Nein zu Normen, die dich klein machen. Nein zu Situationen, in denen du dich verstellen musst. Doch genauso oft bedeutet es, Ja zu sagen. Ja zu neuen Erfahrungen, die dich herausfordern. Ja zu Begegnungen, die dich bereichern. Ja zu Gesprächen, die dein Weltbild erweitern. Sich in einem Wir zu verlieren, ist ein Risiko. Sich einem Wir zu entziehen, ebenso. Die Balance zwischen beiden Polen zu finden, ist eine der größten Herausforderungen im Leben.

Erinnerst du dich an eine Situation, in der du dich fehl am Platz gefühlt hast? Was hat gefehlt? War es das Gefühl, nicht verstanden zu werden? Oder das Gefühl, dich verstellen zu müssen? Hast du eine Situation erlebt, in der du genau wusstest: Hier gehöre ich hin. Hier kann ich sein, wie ich bin. Diese Momente sind wertvoll. Sie zeigen dir, wo du das Ich im Wir gefunden hast. Und wenn du sie bewusst wahrnimmst, kannst du daraus lernen. Was war anders? Welche Menschen waren beteiligt? Welche Atmosphäre hat dazu beigetragen? Wenn du darauf achtest, kannst du bewusst Umfelder wählen, die dir guttun, und solche verlassen, die dich klein halten.

Es gibt Zeiten, in denen das Ich im Wir in den Hintergrund tritt. In stressigen Phasen, wenn du das Gefühl hast, nur zu funktionieren. In Konflikten, wenn das Gegeneinander stärker wird als das Miteinander. In solchen Momenten hilft es, innezuhalten. Dich zu fragen: Was brauche ich gerade? Wo verliere ich mich? Wo kann ich mich wiederfinden? Oft hilft es, bewusst in den Austausch zu gehen. Ein ehrliches Gespräch zu führen. Deine Gedanken zu teilen. Aber auch zuzuhören.

Wer das Ich im Wir nicht spürt, hat oft den Kontakt entweder zu sich selbst oder zu den anderen verloren. Die Brücke zurück kann über viele Wege führen. Ein klärendes Gespräch, ein neuer Blickwinkel, ein bewusster Schritt aus einer Situation heraus oder das mutige Bleiben in einer, die sich noch nicht entfaltet hat.

Ein zufriedenes Leben bedeutet nicht, immer in Harmonie mit allen zu sein. Es bedeutet auch nicht, sich selbst zurückzunehmen, um den Frieden zu wahren. Es bedeutet, den eigenen Platz zu finden. Sich so zu zeigen, wie man ist. Und gleichzeitig ein Teil des Ganzen zu sein. Das ist nicht immer leicht. Aber es lohnt sich. Denn wenn du dein Ich im Wir findest, fühlst du dich nicht nur verbunden mit anderen, sondern auch mit dir selbst. Das wahre Wir besteht aus lauter ganzen Ichs, die sich selbst nicht verleugnen und trotzdem zusammenfinden.

Das Ich im Wir zu entdecken, ist keine einmalige Aufgabe, sondern ein fortlaufender Prozess. Es bedeutet, dich immer wieder neu zu hinterfragen und dich selbst bewusst in den Kontext deiner Beziehungen zu setzen. Du bist kein isoliertes Wesen, aber du bist auch nicht nur ein Teil der Masse. Du bist ein Individuum mit einzigartigen Gedanken und Bedürfnissen, und doch bist du verwoben mit anderen, mit deinen Freundschaften, deiner Familie, deiner Gemeinschaft. Diese Wechselwirkung zu verstehen und zu gestalten, macht das Leben lebendig und erfüllend.

Letztlich geht es darum, dein Ich mutig zu leben, ohne das Wir zu verlieren. Es geht darum, in Begegnungen authentisch zu sein und Beziehungen so zu gestalten, dass sie Wachstum ermöglichen. Wenn du das schaffst, hast du nicht nur ein zufriedenes Leben, sondern auch einen wertvollen Beitrag für andere geleistet. Denn ein Wir ist immer dann am stärksten, wenn es aus selbstbewussten Ichs besteht, die sich aus freien Stücken dazu entscheiden, gemeinsam zu wachsen.

Ich bin mit dir - doch bleib bei mir,
verlier mich nicht im großen Wir.
Denn Nähe heißt nicht, dass ich geh,
wenn ich mich selbst im Andern seh.

Ich reich dir meine offne Hand,
doch nicht aus Angst, nicht aus Verstand.
Ich bleibe stehen, atme ein -
und darf zugleich verbunden sein.

Gemeinsam heißt nicht: ganz gleich sein.
Gemeinsam heißt: Du - und auch mein Sein.
Ein Netz aus Fäden, stark und weich,
in dem ich leuchte - du zugleich.

Ich brauche dich, doch nicht zum Sein.
Ich bin schon ganz. Und du bist dein.
Doch wenn wir uns in Freiheit seh'n,
kann echtes Wir daraus entsteh'n.

24. Persönliche Wachstumsschmerzen

Persönliches Wachstum ist wie das Formen eines rohen Diamanten - es erfordert Zeit, Druck und den Mut, sich den eigenen Unvollkommenheiten zu stellen. Wer sich weiterentwickeln will, wer sich nach einem erfüllteren Leben sehnt, wird unweigerlich auf Herausforderungen treffen. Diese Herausforderungen sind kein Zeichen des Scheiterns, sondern notwendige Wegmarken. Wachstum ist ohne Schmerz kaum denkbar. Es sind die Momente des Zweifelns, des Strauchelns, des Haderns, die das Fundament für Veränderung bilden.

Du kennst das sicherlich. Eine Entscheidung steht an, du weißt, dass sie notwendig ist, doch ein Teil in dir sperrt sich dagegen. Vielleicht ist es die Angst vor dem Unbekannten oder die Bequemlichkeit, die dich zurückhalten will. Doch tief in dir weißt du, dass du den nächsten Schritt gehen musst, wenn du nicht stehen bleiben willst. Wachstum bedeutet, sich mit diesen Widerständen auseinanderzusetzen, sie nicht als Feinde, sondern als Lehrer zu betrachten. Sie zeigen dir, wo du noch festhältst, wo du dich nicht traust loszulassen, wo deine nächste Herausforderung liegt.

Psychologisch betrachtet, ist Wachstum eng mit der Komfortzone verbunden. Unser Gehirn bevorzugt das Bekannte, selbst wenn es uns nicht guttut. Es will Energie sparen, sich nicht unnötig anstrengen. Doch wahre Veränderung entsteht erst, wenn wir diesen inneren Widerstand überwinden. Das limbische System, unser emotionales Zentrum, sendet Warnsignale aus, sobald wir neue Wege beschreiten. Doch diese Angst ist oft unbegründet - sie ist ein Relikt aus früheren Zeiten, als Unbekanntes oft Gefahr bedeutete. Heute jedoch ist diese Angst selten eine echte Bedrohung. Sie ist vielmehr ein Zeichen dafür, dass du kurz davor stehst, zu wachsen.

Es gibt Menschen, die sich vor diesen Wachstumsschmerzen drücken, die lieber in einer vermeintlichen Sicherheit verharren, als sich den eigenen Grenzen zu stellen. Doch diese Grenzen sind oft selbst gesteckt, sie existieren nur in unseren Gedanken. Was wäre, wenn du dich traust, sie zu durchbrechen? Wenn du erkennst, dass der Schmerz des Wachstums kein Gegner ist, sondern ein Signal, dass du auf dem richtigen Weg bist? Es sind die Momente, in denen du dich unsicher fühlst, in denen du zweifelst und vielleicht sogar überlegst, aufzugeben, die die größte Kraft zur Veränderung in sich tragen. Denn genau dann befindest du dich an der Schwelle zu etwas Neuem. Viele Menschen wünschen sich Veränderung, aber nur wenige sind bereit, den Preis dafür zu zahlen. Und ja, es gibt einen Preis. Der Preis ist, dich deinen Ängsten zu stellen, gewohnte Muster zu hinterfragen und die Kontrolle ein Stück weit loszulassen. Doch was gewinnst du dafür? Ein tieferes Verständnis für dich selbst, neue Perspektiven und die Möglichkeit, ein Leben zu führen, das mehr deiner inneren Wahrheit entspricht. Bist du bereit, diesen Preis zu zahlen? Bist du bereit, durch den Schmerz des Wachstums hindurchzugehen, um die Freiheit auf der anderen Seite zu erleben?

Stell dir eine Raupe vor, die sich verpuppt. In der Enge des Kokons erfährt sie Transformation, eine tiefgreifende Umwandlung, die unvermeidlich ist. Doch die wahre Herausforderung kommt, wenn sie sich ihren

Weg aus der Hülle bahnen muss. Der Widerstand, den sie beim Herausbrechen spürt, ist kein Hindernis, sondern ein essenzieller Teil ihres Wachstums. Würde man ihr helfen und den Kokon aufschneiden, würde sie nicht die notwendige Kraft entwickeln, um als Schmetterling zu überleben. Genauso verhält es sich mit dir. Die Herausforderungen, denen du dich stellst, sind das, was dich stärkt. Sie sind keine Strafe, sondern Vorbereitung auf etwas Größeres.

Es gibt Phasen, in denen sich nichts zu bewegen scheint. Du bemühst dich, arbeitest an dir, versuchst neue Wege zu gehen, und doch bleibt das Gefühl, auf der Stelle zu treten. Doch genau in diesen Zeiten geschieht das Wesentliche. Wachstum ist nicht immer sichtbar. Manchmal verändert sich in dir etwas, lange bevor es sich im Außen zeigt. Wie ein Samen, der lange unter der Erde ruht, bevor er durchbricht und sichtbar wird. Diese Phasen sind herausfordernd, denn sie verlangen Vertrauen. Vertrauen in dich, Vertrauen in den Prozess. Kannst du dieses Vertrauen aufbringen? Kannst du akzeptieren, dass Wachstum Zeit braucht und nicht immer nach deinen Vorstellungen verläuft?

Es gibt kein Wachstum ohne Herausforderungen. Kein Vorankommen ohne Widerstand. Kein Lernen ohne Fehler. Wenn du also das nächste Mal an dir zweifelst, wenn du das Gefühl hast, festzustecken, dann erinnere dich: Das ist Teil des Weges. Es gehört dazu. Und wenn du dich traust, diesen Weg weiterzugehen, wenn du die Schmerzen des Wachstums nicht als Hindernis, sondern als Einladung zur Veränderung begreifst, dann wirst du die Belohnung erfahren. Eine tiefere Verbindung zu dir selbst. Mehr innere Freiheit. Mehr Lebensfreude.

Die Frage ist nicht, ob du wachsen willst. Die Frage ist, ob du bereit bist, die Unannehmlichkeiten dieses Wachstums anzunehmen. Ob du bereit bist, durch Unsicherheiten zu gehen, an deinen Zweifeln zu wachsen und aus deinen Fehlern zu lernen. Wachstum ist nicht bequem. Doch ein Leben ohne Wachstum ist Stillstand. Und Stillstand ist das Gegenteil von Lebendigkeit. Also frage dich: Wo stehst du gerade? Was hält dich zurück? Und was kannst du heute tun, um deinem Wachstum einen neuen Impuls zu geben?

Der Wert deiner Anstrengungen zeigt sich in der Tiefe deiner Veränderung und der Freiheit, die du dadurch gewinnst. Jeder Schritt, den du wagst, jede Angst, die du überwindest, jede Herausforderung, die du annimmst, bringt dich weiter zu einem Leben, das wirklich deines ist. Ein Leben, in dem du nicht mehr fremdbestimmt bist, sondern selbstbewusst und mit klarem Blick deinen Weg gehst. Und es gibt kein größeres Geschenk als das: Dich selbst zu erkennen, dich selbst zu leben, dich selbst zu entfalten. Also, geh los. Warte nicht. Die Welt wartet auf dein Licht. Und du selbst verdienst es, in deinem vollen Glanz zu erstrahlen.

25. Wenn Gefühle wie ein Orkan kommen

Sarah arbeitete als Kellnerin in einem Café und war gerade dabei, im sonnigen Gastgarten Kuchen zu servieren. Die Atmosphäre war ruhig, die Gäste plauderten entspannt, während das Klirren von Besteck und das Murmeln der Gespräche wie eine sanfte Melodie in der Luft lagen. Gerade wollte sie ein Tablett mit frischem Apfelstrudel abstellen, als sie im Augenwinkel etwas Ungewöhnliches bemerkte. Im Haus vis-à-vis, im dritten Stock, kletterte ein Mann auf das Fensterbrett. Sekunden, die sich wie eine Ewigkeit anfühlten, verstrichen. Kein Zögern, kein Innehalten. Ein einziger Sprung, der die Schwerkraft herausforderte, ein Schatten, der fiel. Ein dumpfer Aufprall auf dem Asphalt, ein Moment des Stillstands - dann durchbrach Sarahs Schrei die trügerische Stille. Die Welt um sie herum verschwamm, wurde unwirklich. Ihr Körper erstarrte, als wäre sie eine Statue aus Stein, und doch zitterte sie unaufhörlich. Die Luft schien schwer, das Sonnenlicht auf einmal kalt und fremd. In ihrem Kopf wiederholte sich das Bild immer wieder, als hätte sich die Szene unauslöschlich in ihre Gedanken eingebrannt. Der Schock war wie eine Welle, die über ihr zusammenbrach und sie in die Tiefe zog, ohne Aussicht auf Rettung.

Als ich als Mitglied des Kriseninterventionsteams eintraf, sah ich sie dort stehen, verloren in diesem Moment, gefangen in der Erinnerung, die sich an sie klammerte wie eine Dornenranke. "Wie soll ich dieses Bild jemals wieder aus dem Kopf bekommen?", flüsterte sie immer wieder, als würde die Wiederholung der Frage eine Antwort erzwingen.

Ich sah sie an, suchte nach den richtigen Worten. "Vergessen werden Sie dieses Bild wahrscheinlich nie", sagte ich leise. "Aber es darf mit der Zeit verblassen."

Es gibt Momente, die sich wie ein Bruch in der Zeit anfühlen - ein plötzlicher Riss, der die Welt in ein Davor und ein Danach spaltet. Was eben noch selbstverständlich erschien, wird plötzlich in Frage gestellt. Solche Erlebnisse sind wie ein Sturm, der über uns hereinbricht, ohne Vorwarnung, ohne Vorbereitung. Sie reißen an unseren Grundfesten und lassen uns schutzlos zurück.

Plötzlich, unerwartet, aus heiterem Himmel - so entstehen Traumata. Ein Moment, der so gewaltig ist, dass er unsere seelischen Schutzmechanismen überfordert. Sarahs Reaktion war vollkommen normal. Die Situation, die sie erleben musste, war es nicht.

Der Begriff "Trauma" stammt aus dem Griechischen und bedeutet "Wunde". Genau das ist es: eine seelische Verletzung, die tief geht. Manche dieser Wunden heilen schnell, andere brauchen Zeit. Wieder andere hinterlassen Narben, die uns unser ganzes Leben begleiten.

Die Fachwelt unterscheidet zwischen verschiedenen Arten von Traumata. Einzelne, plötzliche Erlebnisse wie Unfälle oder Naturkatastrophen sind anders als wiederholte, langanhaltende Belastungen. Besonders tiefgreifend sind jene, die von Menschen verursacht werden - vor allem, wenn sie von jemandem ausgehen, dem wir vertraut haben. Denn wenn Vertrauen bricht, stürzt oft eine ganze innere Welt zusammen.

Aber es gibt noch eine andere Art des Erlebens: Wenn wir nicht selbst Opfer einer Katastrophe sind, sondern Zeuge davon werden. Auch dann kann unser Gehirn die Eindrücke nicht immer verarbeiten. Es schützt uns, indem es "den Stecker zieht" - trennt Bilder, Geräusche, Gerüche und Gefühle voneinander, damit sie nicht in ihrer vollen Wucht auf uns einprasseln. Doch diese Fragmente tauchen oft später wieder auf - in Träumen, in plötzlichen Erinnerungsfetzen, in unerwarteten Augenblicken des Alltags.

Es kann geschehen, dass das Erlebte sich in den Körper schreibt, ohne dass wir es bewusst merken. Plötzlich schlägt das Herz schneller, die Hände werden feucht, ein Geräusch, ein Geruch, ein bestimmter Lichtschein, und alles ist wieder da. Nicht als Erinnerung, sondern als erneutes Erleben. Die Zeit scheint sich aufzulösen, als gäbe es keine Vergangenheit, keine Gegenwart, nur das Damals, das sich wieder über die Gegenwart legt. Ein Trauma speichert nicht nur, was geschah - es speichert auch die Angst, die Hilflosigkeit, die Erstarrung. Unser Verstand weiß, dass es vorbei ist, aber der Körper kann es nicht begreifen. Die Vergangenheit bleibt in der Gegenwart gefangen.

Wenn der Wind eines Orkans sich legt, bleibt oft Verwüstung zurück. Aber selbst nach dem schlimmsten Sturm blüht irgendwann wieder ein erstes zartes Blatt. So ist es auch mit den Wunden der Seele. Sie können nicht ungeschehen gemacht werden, aber sie können in die Vergangenheit rücken. Sie müssen nicht für immer das Jetzt bestimmen. Sarah nahm die Unterstützung an. Langsam begann sie zu begreifen, dass sie das Geschehene nicht mehr ändern konnte. Aber sie konnte lernen, damit zu leben. Heilung bedeutet nicht, dass das Vergangene verschwindet. Es bedeutet, dass es an seinen Platz tritt - in die Vergangenheit, wo es hingehört. Mit der Zeit können sich die Bilder verändern. Sie werden weicher, verlieren ihre Schärfe. Was einst übermächtig erschien, wird zu einer Erinnerung, die man betrachten kann, ohne dass sie einen überwältigt.

Trauma bedeutet nicht, dass etwas für immer zerstört ist. Es bedeutet, dass etwas Schweres passiert ist, das unser Inneres erschüttert hat. Doch wie ein Knochen, der bricht und mit der Zeit wieder zusammenwächst, kann auch die Seele heilen. Vielleicht bleibt eine Narbe zurück - eine Erinnerung daran, dass da einmal Schmerz war. Aber auch Narben sind Zeichen des Überlebens.

Sarah wird das Bild nie ganz vergessen. Doch eines Tages, wenn die Zeit ihre Arbeit getan hat, wenn die Wunde nicht mehr offen ist, wird sie auf diesen Tag zurückblicken können und wissen: Es war schlimm, aber es ist vorbei.

Und das ist das Wichtigste: Alles geht irgendwann vorbei - das Gute wie das Schlechte. Der Sturm mag heftig sein, aber er wird sich legen. Und danach? Danach kommt der erste Sonnenstrahl.

26. Ein Leben voller Sinn

Sinnkrisen sind Momente im Leben, in denen nichts mehr zu passen scheint. Der Alltag verliert seinen Glanz, einst wichtige Ziele wirken bedeutungslos, und die Frage nach dem Warum wird drängender denn je. In solchen Zeiten kann sich das Gefühl der Leere ausbreiten, als ob das Fundament, auf dem das eigene Leben steht, bröckelt. Es ist eine tiefgehende Erschütterung, die oft mit Verzweiflung einhergeht, aber auch eine große Chance in sich trägt.

Viktor Frankl, ein bedeutender Psychiater und Überlebender des Holocaust, hat sich intensiv mit dem Sinn des Lebens auseinandergesetzt. In seiner Logotherapie beschreibt er, dass der Mensch nicht nach Glück strebt, sondern nach Sinn. Glück, so Frankl, ist eine Folgeerscheinung - es stellt sich ein, wenn wir etwas Sinnvolles tun. Sein berühmter Satz „Der Mensch ist nicht frei von Bedingungen, aber er ist frei, Stellung zu ihnen zu nehmen" zeigt, dass auch in der tiefsten Krise eine Wahlmöglichkeit besteht: die Wahl, wie man mit dem Erlebten umgeht.

Es gibt Zeiten, in denen sich der Sinn des Lebens zu verflüchtigen scheint. Wenn äußere Sicherheiten wegbrechen, wenn das, was uns bislang getragen hat, nicht mehr trägt, dann kann es sich anfühlen, als ob man im Nichts steht. Doch genau in diesem Moment liegt eine entscheidende Frage verborgen: Wofür stehe ich auf? Wofür lohnt es sich, weiterzumachen? Frankl war überzeugt, dass der Sinn des Lebens nicht gefunden, sondern geschaffen wird. Er liegt nicht irgendwo versteckt und wartet darauf, entdeckt zu werden, sondern er entsteht durch unser Handeln, durch unsere Entscheidungen und durch die Art, wie wir mit unseren Herausforderungen umgehen.

Eine Sinnkrise ist wie eine dichte Nebelwand auf offener See. Man sieht nicht mehr den Horizont, spürt nicht mehr die gewohnte Orientierung. Das Wasser unter einem ist tief, der Himmel darüber grau. Es scheint, als hätte sich der Kurs verloren, als gäbe es keinen Weg mehr nach vorn. Doch wer inmitten dieses Nebels innehält, erkennt etwas Entscheidendes: Der Kompass, nach dem wir suchen, liegt nicht außerhalb von uns, sondern in unserem Inneren. Der Nebel mag die Sicht versperren, aber er nimmt uns nicht die Fähigkeit, zu steuern. Es braucht Mut, in dieser Unsicherheit weiterzufahren, auch ohne klare Sicht, doch mit jedem entschlossenen Schritt lichtet sich der Nebel, und irgendwann taucht die Küste auf - nicht als fertiges Ziel, sondern als neuer Anfang.

Es gibt Menschen, die selbst unter widrigsten Umständen einen Sinn finden. Sie erleben Schmerzen, Verluste, Ungerechtigkeiten - und trotzdem schaffen sie es, nicht an ihrer Situation zu zerbrechen. Das bedeutet nicht, dass sie nicht leiden, im Gegenteil. Doch sie entscheiden sich dafür, trotz allem ihrem Leben eine Richtung zu geben. Diese innere Haltung ist es, die einen Unterschied macht. Sie hilft dabei, Krisen nicht nur zu überstehen, sondern sie zu transformieren.

Manchmal scheint es, als gäbe es keine Antwort auf die Frage nach dem Sinn. Die Leere ist erdrückend, und kein Gedanke bietet einen Ausweg. In diesen Momenten kann es helfen, die Aufmerksamkeit auf andere

Menschen zu richten. Frankl betonte, dass Sinn oft darin liegt, über sich selbst hinauszugehen. Wer für andere da ist, wer Verantwortung übernimmt, wer einen Beitrag leistet, findet oft eine tiefere Erfüllung. Der Sinn kann in der Fürsorge für ein Kind liegen, in der Liebe zu einem Menschen, in einem kreativen Ausdruck oder in einem beruflichen Engagement, das über den bloßen Broterwerb hinausgeht.

Es geht nicht darum, einen großen, alles erklärenden Sinn zu entdecken, sondern darum, in jedem Moment eine Richtung zu wählen, die sich für einen selbst stimmig anfühlt. Manchmal genügt ein erster, kleiner Schritt: Eine Geste der Freundlichkeit, eine Entscheidung für Veränderung, ein neuer Blickwinkel. Krisen haben die Kraft, uns zu neuen Wegen zu führen, die wir vorher nicht gesehen haben. Sie fordern uns heraus, nicht aufzugeben, sondern zu wachsen.

Wenn du in einer Sinnkrise steckst, erinnere dich daran, dass dies nicht das Ende ist. Es ist ein Übergang. Es ist eine Phase, die nach etwas Neuem ruft. Vielleicht fühlt es sich an, als würdest du durch Dunkelheit tappen, doch Dunkelheit bedeutet nicht Abwesenheit von Sinn, sondern oft nur, dass sich eine alte Bedeutung auflöst, um Platz für eine neue zu machen. Die wichtigste Entscheidung, die du in einer solchen Zeit treffen kannst, ist, weiterzugehen. Dich dem Leben wieder zuzuwenden. Die eigene Verantwortung anzunehmen und aus der eigenen Tiefe heraus zu handeln.

Es gibt einen Grund, warum du hier bist. Selbst wenn du ihn jetzt nicht klar erkennen kannst, bedeutet das nicht, dass er nicht existiert. Dein Leben hat Bedeutung - nicht, weil jemand es dir gibt, sondern weil du ihm Bedeutung verleihst. Jeden Tag. In jeder Begegnung. In jeder Entscheidung. In jedem Atemzug. Du bist mehr als deine Krise. Du bist mehr als dein Schmerz. Du bist ein Mensch mit der Kraft, deinem Leben Sinn zu geben. Und genau das macht dich frei.

Du suchst nach dem Sinn, doch er bleibt dir verborgen,
ein Schatten im Nebel, ein Flüstern von morgen.
Doch glaube daran - er ist längst schon in dir,
in jedem Moment, in deinem Gespür.

Nicht fremde Gedanken, nicht Stimmen von weit,
du selbst bist es, der Bedeutung verleiht.
In jedem Versuch, in jedem Schritt,
gestaltest du selbst, was bleibt und was tritt.

Du bist nicht dein Schmerz, nicht Zweifel, nicht Pein,
du bist viel mehr - ein Funke, ein Schein.
Ein Herz, das schlägt, das Wege erhellt,
du trägst das Licht, das deine Welt hält.

27. Demut und Dankbarkeit

Demut und Dankbarkeit sind zwei der kraftvollsten Haltungen, die ein Mensch im Leben kultivieren kann. Sie sind wie zwei Flügel eines Vogels, die ihn über die Herausforderungen des Lebens hinwegtragen. Ohne den einen würde der andere nicht ausreichen, um in die Höhe zu steigen und den Blick auf das Wesentliche zu schärfen. In einer Welt, die sich unaufhörlich um Wachstum, Erfolg und Fortschritt dreht, ist es leicht, sich im Strudel der Erwartungen und Ansprüche zu verlieren. Doch wahre Zufriedenheit liegt nicht im immer Mehr, sondern in der Fähigkeit, das, was ist, wertzuschätzen und in aller Einfachheit als Geschenk zu erkennen.

Oft sind es gerade die kleinen Dinge, die unser Leben bereichern, ohne dass wir ihnen viel Aufmerksamkeit schenken. Der erste Sonnenstrahl am Morgen, das Lächeln eines unbekannten Menschen, der Duft von frischem Brot oder die warme Tasse Tee an einem kalten Tag - sie alle haben die Kraft, ein Gefühl tiefer Verbundenheit mit dem Leben auszulösen. Doch wie oft werden sie als Selbstverständlichkeit abgetan? Wie oft geht der Blick auf das, was fehlt, anstatt auf das, was bereits da ist?

Demut bedeutet nicht, sich klein zu machen oder die eigenen Wünsche und Ziele aufzugeben. Es bedeutet, anzuerkennen, dass das Leben größer ist als unser eigener Wille, dass nicht alles nach Plan laufen muss, um gut zu sein. Demut ist das Bewusstsein, dass niemand allein aus eigener Kraft alles erreicht, sondern dass jeder Mensch von unzähligen sichtbaren und unsichtbaren Kräften getragen wird. Die Hände, die das Brot backen, das Wissen, das über Generationen weitergegeben wurde, die Luft, die ohne unser Zutun unsere Lungen füllt - all das ist Ausdruck einer tieferen Verbundenheit, die wir oft erst dann erkennen, wenn etwas fehlt.

Dankbarkeit ist die natürliche Schwester der Demut. Wer erkennt, dass nichts selbstverständlich ist, beginnt, das Leben in all seinen Facetten wertzuschätzen. Dankbarkeit ist nicht nur eine emotionale Reaktion auf das Gute, das einem widerfährt, sondern eine Haltung, die das Leben in seiner Gesamtheit bejaht. Sie lässt uns nicht nur für die offensichtlichen Freuden dankbar sein, sondern auch für die Herausforderungen, die uns wachsen lassen, für die Verluste, die uns lehren loszulassen, und für die schwierigen Zeiten, die uns Demut lehren.

Es gibt eine Geschichte von einem alten Mann, der in einem abgelegenen Dorf lebte. Sein einziges Hab und Gut war ein kleines Haus, ein Garten voller Gemüse und ein treuer Hund. Jeden Tag verbrachte er damit, seine Pflanzen zu pflegen, mit den Menschen im Dorf zu plaudern und sich an der Stille der Natur zu erfreuen. Viele hielten ihn für arm, doch er selbst fühlte sich reich. „Ich habe mehr, als ich brauche", sagte er oft. Sein Geheimnis war nicht der Besitz, sondern seine Haltung. Er sah in jeder Begegnung, in jeder Blume, in jeder Mahlzeit einen Grund zur Dankbarkeit. Sein Herz war nicht belastet von dem Wunsch nach mehr, sondern erfüllt von dem Wissen, dass das Leben ihm genug schenkte. Er verstand, dass wahrer Reichtum nicht in dem liegt, was man besitzt, sondern in der Fähigkeit, das Vorhandene zu würdigen.

Ein Baum, der tief verwurzelt ist, kann den stärksten Stürmen trotzen. Wer in Dankbarkeit und Demut verwurzelt ist, verliert nicht den Halt, wenn das Leben ihn auf die Probe stellt. Die Fähigkeit, in den kleinen Dingen das Große zu erkennen, schützt davor, sich von äußeren Umständen abhängig zu machen. Erfolg, Wohlstand und Anerkennung sind vergänglich, doch die innere Zufriedenheit, die aus einer demütigen und dankbaren Haltung entspringt, bleibt bestehen.

Die meisten Menschen haben gelernt, für besondere Momente dankbar zu sein: den Geburtstag, eine Beförderung, einen gelungenen Abend mit Freunden. Doch die wahre Kunst besteht darin, Dankbarkeit in den Alltag zu integrieren, sie nicht als Ausnahme, sondern als Grundhaltung zu begreifen. Wer jeden Tag bewusst nach etwas sucht, wofür er dankbar sein kann, trainiert seinen Geist darauf, das Positive wahrzunehmen. Mit der Zeit verändert sich die Perspektive, und selbst an schwierigen Tagen bleibt ein Funken Licht.

Demut und Dankbarkeit öffnen das Herz. Sie ermöglichen es, das Leben nicht als eine endlose Liste von To-Dos und Herausforderungen zu sehen, sondern als eine Reise voller Geschenke. Diese Geschenke sind nicht immer in glänzendes Papier gehüllt, manchmal kommen sie in der Form von Rückschlägen oder unerwarteten Wendungen. Doch wer mit dem Herzen sieht, erkennt ihren wahren Wert.

Der Himmel über dir, der Boden unter deinen Füßen, der Atem, der in dich strömt - das Leben selbst ist ein Geschenk. Es wartet nicht darauf, irgendwann in ferner Zukunft endlich gut zu sein. Es ist jetzt, in diesem

Moment, lebendig. Und wer das erkennt, wer sich mit Demut vor der Größe des Daseins verneigt und dankbar annimmt, was ist, der hat den Schlüssel zu wahrer Zufriedenheit gefunden.

Demut

Demut heißt: das Leben spüren,
auch wenn wir manches nie begreifen.
Still verweilen, nicht verlieren,
den eigenen Schritt, den leisen, reifen.

Sie kommt nicht laut, verlangt nicht viel,
kein großes Wort, kein hohes Ziel.
Doch wer ihr Raum im Herzen gibt,
wird sehen, was wirklich in uns lebt.

Ein Blick, ein Lächeln, ohne Grund,
ein warmer Ton, ein stiller Schwund
von Eile, Stolz und Hast der Zeit -
Demut macht das Herz bereit.

Für Dankbarkeit im Kleinen Licht,
für das, was ist - mehr braucht es nicht.
Ein leiser Gruß, ein weiter Blick:
Ich bin nicht alles. Und doch bin ich.

28. Stark und gesund wie ein Baum

Gesundheit ist die unsichtbare Balance, die uns am Leben hält, unser Denken formt, unsere Taten lenkt und unser Wohlbefinden bestimmt. Sie ist weit mehr als nur das Fehlen von Krankheit. Sie entsteht durch das Zusammenspiel von Körper und Geist, eine harmonische Verbindung, die uns Kraft, Klarheit und Zufriedenheit schenkt. Doch wie oft erkennen wir diese Einheit erst, wenn sie ins Wanken gerät? Wie oft behandeln wir unseren Körper, ohne auf unseren Geist zu hören? Oder umgekehrt?

Stell dir deine Gesundheit wie einen Baum vor. Die Wurzeln reichen tief in die Erde und symbolisieren deine psychische Stabilität, deine Emotionen und dein inneres Gleichgewicht. Der Stamm steht für deine physische Kraft, deine Beweglichkeit und deine Widerstandsfähigkeit. Nur wenn die Wurzeln tief und gesund sind, kann der Baum stark wachsen. Werden sie vernachlässigt, droht er auszutrocknen, krank zu werden oder bei einem Sturm zu fallen. Ebenso kann ein gesunder Geist einen geschwächten Körper nicht lange tragen. Ein kräftiger Körper allein reicht nicht aus, wenn die innere Stabilität fehlt. Körper und Geist sind untrennbar miteinander verbunden. Sie nähren und stützen sich gegenseitig.

Wie oft hast du dich selbst gefragt, warum du dich ausgelaugt fühlst, obwohl du körperlich gesund scheinst? Wie oft hattest du körperliche Beschwerden, ohne dass ein Arzt eine Ursache finden konnte? Es gibt eine tiefe Verbindung zwischen unseren Gedanken, unseren Emotionen und unseren körperlichen

Funktionen. Wissenschaftliche Studien zeigen immer wieder, wie eng unser Nervensystem mit unserem Immunsystem, unserem Hormonhaushalt und unserer Organfunktion verknüpft ist. Chronischer Stress kann beispielsweise zu Bluthochdruck, Verdauungsproblemen oder Schlafstörungen führen. Anhaltende Angstzustände belasten das Herz, lassen den Atem flacher werden und verstärken Schmerzen. Umgekehrt können eine gesunde Ernährung, regelmäßige Bewegung und ausreichend Schlaf unsere Stimmung heben, Ängste reduzieren und den Geist klären.

Doch all das zu wissen, reicht nicht aus. Die wahre Herausforderung besteht darin, das eigene Leben bewusst in die Hand zu nehmen und diese Erkenntnisse umzusetzen. Was bedeutet das für dich? Es bedeutet, dass du nicht nur deinen Körper pflegen, sondern auch deine Gedanken und Gefühle ernst nehmen solltest. Es bedeutet, dass du lernen darfst, auf die Signale deines Inneren zu hören. Auf die Müdigkeit, die nicht nur körperlich ist. Auf die Verspannungen, die mehr ausdrücken als eine schlechte Haltung. Auf die Unruhe, die nicht mit mehr Arbeit oder Ablenkung beseitigt werden kann.

Wenn du dich gesund und stark fühlen willst, beginnt es damit, dich selbst als Ganzes zu betrachten. Dein Körper ist kein Werkzeug, das einfach nur funktionieren soll, sondern ein lebendiger Teil von dir, der Pflege und Aufmerksamkeit verdient. Dein Geist ist kein unsichtbares Phänomen, das du ignorieren kannst, sondern die Steuerzentrale deines Seins. Du kannst noch so viel Sport treiben. Wenn dein Geist unter ständigem

Druck steht, wirst du Erschöpfung spüren. Du kannst noch so viel meditieren. Wenn dein Körper vernachlässigt wird, wird sich Unwohlsein breitmachen. Die Balance entsteht nicht durch einseitige Maßnahmen, sondern durch eine bewusste und liebevolle Auseinandersetzung mit dir selbst.

Es sind die kleinen Gewohnheiten, die den größten Unterschied machen. Was wäre, wenn du dich heute entscheidest, dich mit mehr Mitgefühl zu behandeln? Was wäre, wenn du lernst, deinem Körper die Bewegung zu geben, die er braucht, ohne ihn zu überfordern? Wenn du deinem Geist Ruhe gönnst, ohne ihn zu unterfordern? Es geht nicht darum, perfekt zu sein, sondern um Bewusstheit. Darum, nicht erst dann nach Lösungen zu suchen, wenn das Fundament bereits Risse zeigt, sondern schon heute daran zu arbeiten, es zu stärken.

Wir leben in einer Welt, die uns oft lehrt, entweder die äußere oder die innere Gesundheit zu priorisieren. Doch du kannst dich entscheiden, beides zu verbinden. Du kannst deinem Körper Gutes tun, ohne deinen Geist zu vernachlässigen. Und du kannst deinem Geist Aufmerksamkeit schenken, ohne deinen Körper zu ignorieren. Bewegung stärkt nicht nur die Muskeln, sondern befreit auch den Geist. Gesunde Ernährung nährt nicht nur den Körper, sondern hebt auch die Stimmung. Schlaf erholt nicht nur den Körper, sondern auch die Seele. Momente der Stille, Reflexion, Freude und Verbundenheit erwärmen nicht nur dein Herz, sondern stärken auch deine Abwehrkräfte.

Stell dir vor, du bist ein Musiker und dein Leben ist eine

Sinfonie. Dein Körper ist das Instrument, dein Geist die Melodie. Nur wenn beide im Einklang sind, entsteht Harmonie. Achte auf deine Töne. Spüre, ob sie verstimmt sind oder ob du ihnen zu viel oder zu wenig Aufmerksamkeit schenkst. Du hast die Wahl, dein Leben so zu gestalten, dass es nicht nur funktioniert, sondern dass es klingt. Lebendig, kraftvoll, erfüllt.

Zum Schluss eine Einladung an dich. Stell dir vor, du wachst morgen auf und triffst Entscheidungen, die dich sowohl körperlich als auch geistig stärken. Stell dir vor, du erlebst Gesundheit nicht als zufälliges Geschenk, sondern als etwas, das du aktiv gestalten kannst. Du hast es in der Hand. Dein Baum kann tief wurzeln und stark wachsen. Dein Instrument kann in voller Schönheit erklingen. Alles beginnt damit, dass du bereit bist, für die Harmonie deines Lebens zu sorgen.

29. Entscheidung für die Freiheit

Freiheit. Ein großes Wort. Ein Versprechen, eine Herausforderung, eine Verantwortung. In einer Welt, die oft unberechenbar scheint, in der Unsicherheit das tägliche Begleitgefühl ist, bleibt die Sehnsucht nach Freiheit eine der stärksten Antriebskräfte der Menschheit. Doch was bedeutet Freiheit wirklich? Und wie können wir sie für uns bewahren und gestalten, selbst wenn alles um uns herum zu wanken scheint?

Freiheit ist nicht nur das Fehlen von äußeren Zwängen, sondern auch eine innere Haltung. Eine Art, die Welt zu betrachten, Entscheidungen zu treffen, sich nicht von Angst lenken zu lassen. Doch genau diese innere Freiheit ist es, die am stärksten herausgefordert wird, wenn das Leben unsicher wird. Plötzlich entstehen Zweifel, Sorgen, Einschränkungen. Das Gefühl, dass man handeln muss, aber nicht weiß, in welche Richtung. Man könnte meinen, Freiheit sei ein Vogel, der immer wieder in Käfige fliegt, die er sich selbst baut. Und doch - ein Käfig mit offener Tür bleibt ein Käfig. Die Entscheidung zu fliegen, ist eine Frage der inneren Bereitschaft.

Es gibt Menschen, die selbst in den größten Einschränkungen eine Freiheit empfinden, die anderen in absoluter Ungebundenheit fehlt. Was macht den Unterschied? Es ist die Fähigkeit, in sich selbst ein unerschütterliches Zentrum zu finden, eine innere Klarheit, die nicht davon abhängt, was im Außen geschieht. Ein Sturm mag toben, aber der Mensch, der Freiheit als seinen inneren Kompass trägt, wird nicht von ihm weggerissen. Das bedeutet nicht, dass Unsicherheiten nicht existieren, dass Ängste nicht real sind. Es bedeutet vielmehr, dass sie nicht die Herrschaft über das eigene Leben übernehmen dürfen.

Die Welt ist voller Regeln, Normen, Erwartungen. Vieles davon gibt Sicherheit, Struktur, Orientierung. Doch all das kann auch zum Käfig werden, wenn es nicht bewusst hinterfragt wird. Wann hast du das letzte Mal eine Entscheidung getroffen, die wirklich aus dir selbst kam? Wann hast du das letzte Mal gespürt, dass du in völliger Übereinstimmung mit dir selbst gehandelt hast? Freiheit beginnt genau hier. In den kleinen Momenten, in denen du dich selbst ernst nimmst, in denen du Verantwortung für dein Leben übernimmst, ohne nach den Vorgaben anderer zu handeln.

Oft ist es bequemer, die Freiheit nicht zu beanspruchen. Verantwortung bringt Last mit sich. Entscheidungen bedeuten Unsicherheit. Wer frei sein will, muss bereit sein, Irrtümer zu akzeptieren, Umwege zu gehen, Fehler zu machen. Doch genau darin liegt das wahre Leben. Denn das Gegenteil von Freiheit ist nicht immer Zwang - oft ist es Lethargie, die Weigerung, sich dem Leben mit all seinen Facetten zu stellen.

Manche Menschen warten darauf, dass die Welt ihnen ihre Freiheit zurückgibt. Sie warten auf stabilere Zeiten, auf klarere Vorgaben, auf den Moment, in dem sie sich sicher genug fühlen, um mutig zu sein. Doch dieser Moment kommt selten von selbst. Er muss geschaffen werden. Freiheit ist kein Geschenk, das von außen kommt. Sie ist eine Entscheidung, die immer wieder getroffen werden muss. Jeden Tag aufs Neue. Wie kannst du in einer unsicheren Welt frei sein? Indem du beginnst, deine eigene Unsicherheit als Teil des Lebens zu akzeptieren, sie nicht als Feind, sondern als Lehrer zu betrachten. Indem du erkennst, dass du nicht alles wissen musst, um den nächsten Schritt zu gehen. Indem du lernst, dich selbst zu vertrauen, auch wenn der Boden unter dir wackelt. Indem du verstehst, dass Freiheit nicht bedeutet, keine Angst zu haben, sondern trotz der Angst zu handeln.

Es gibt einen Moment, in dem der Vogel, der immer in seinem Käfig saß, erkennt, dass seine Flügel ihn tragen können. Er zögert, zittert, spürt den Wind unter sich. Der Käfig ist vertraut, gibt Sicherheit. Aber draußen wartet das Leben. Und irgendwann, mit einem tiefen Atemzug, stößt er sich ab. Nicht weil er sicher ist, dass es klappt. Sondern weil er weiß, dass er es herausfinden muss.

Freiheit ist nichts, das man besitzt. Sie ist etwas, das man lebt. Jeden Tag, in jedem Moment, in jeder Entscheidung. Sie ist nicht die Abwesenheit von Unsicherheit, sondern die Fähigkeit, mit ihr umzugehen. Und wer sie einmal wirklich gespürt hat, wird sie nie wieder gegen Bequemlichkeit eintauschen wollen.

Freiheit ist eine Kraft, die in uns schlummert, oft verborgen unter den Schichten von Erziehung, Erwartungen und gesellschaftlichen Zwängen. Sie ist die Fähigkeit, über das hinauszuwachsen, was uns klein hält. Doch dieser Prozess ist unbequem. Freiheit fordert uns heraus, zwingt uns, ehrlich mit uns selbst zu sein. Sie verlangt Mut, manchmal auch Schmerz, denn oft bedeutet Freiheit, sich von Dingen zu trennen, die uns vertraut sind, uns aber nicht guttun. Sie verlangt Entscheidungen, die nicht jeder verstehen wird.

Wir haben gelernt, Freiheit mit äußeren Umständen gleichzusetzen. Mit finanzieller Unabhängigkeit, mit grenzenlosem Reisen, mit der Abwesenheit von Verpflichtungen. Doch wahre Freiheit liegt tiefer. Sie beginnt dort, wo du dich selbst erkennst, wo du dich nicht mehr von Angst steuern lässt, wo du deine Gedanken und Emotionen nicht als unüberwindbare Hindernisse betrachtest, sondern als Werkzeuge, die du nutzen kannst.

Es gibt Momente im Leben, in denen Freiheit zur einzigen Option wird. Wenn du erkennst, dass du nicht länger in einem Leben verweilen kannst, das nicht deins ist. Wenn du dich entscheidest, für dich selbst einzustehen, auch wenn es unbequem ist. Wenn du aufhörst, nach den Erwartungen anderer zu leben und anfängst, deinen eigenen Weg zu gehen. Diese Momente sind oft beängstigend, doch sie sind auch die Geburtsstunde eines selbstbestimmten Lebens.

Freiheit bedeutet nicht, keine Verantwortung zu tragen. Im Gegenteil - sie bedeutet, sie bewusst zu übernehmen. Für dein Leben, deine Entscheidungen, deine Träume. Freiheit bedeutet nicht, dass der Weg immer einfach ist. Aber er gehört dir. Und das ist es, was am Ende zählt.

Der Vogel, der einmal geflogen ist, wird nie wieder vergessen, wie es sich anfühlt, den Himmel unter seinen Flügeln zu spüren. Und wenn er sich daran erinnert, weiß er: Es gibt keinen Weg zurück in den Käfig, denn das Leben ist dazu da, gelebt zu werden. Frei, mit offenen Flügeln, mutig und bereit, zu fliegen. Denn das Fliegen ist mehr als eine Bewegung - es ist eine

Entscheidung für das Leben selbst. Eine Entscheidung, die einmal getroffen, nicht mehr rückgängig gemacht werden kann. Denn wer einmal den Wind unter seinen Flügeln gespürt hat, wird sich immer wieder daran erinnern, dass der Himmel nicht begrenzt ist, sondern so weit reicht, wie der Mut ihn trägt.

Einmal erhoben, nie mehr gebannt,
spürst du den Himmel, den Wind in der Hand.
Die Weite, die ruft, das Leben, das schreit,
kein Käfig vermag, was einst sich befreit.

Nicht Mauern, nicht Gitter, nicht Furcht hält dich fest,
wenn du erst weißt, was fliegen heißt.
Ein Schritt ins Ungewisse, ein Tanz mit dem Licht,
ein Ja zu dir selbst - zurück gibt es nicht.

Der Himmel ist grenzenlos, offen und weit,
so groß wie dein Mut, so frei wie die Zeit.
Denn wer einmal den Wind auf den Flügeln gespürt,
den trägt seine

30. Die Umwege des Lebens

Du stehst an einem Punkt in deinem Leben, an dem du eine Entscheidung treffen musst. Die eine Richtung scheint logisch, sicher, vorhersagbar. Die andere ist ungewiss, steinig, vielleicht sogar abschreckend. Dein Herz schlägt schneller, weil du ahnst: Der bequeme Weg ist nicht immer der, der dich wachsen lässt. Und doch ist die Versuchung groß, ihn zu wählen. Sicherheit hat einen verführerischen Klang. Doch wahre Erkenntnis, wahres Wachstum, wahre Entwicklung - all das liegt oft auf Wegen, die sich erst im Nachhinein als die richtigen entpuppen.

Umwege erhöhen die Geländekenntnis. Ein Satz, der auf den ersten Blick simpel klingt, doch in seiner Bedeutung eine ganze Welt eröffnet. Denn was bedeutet es wirklich, einen Umweg zu gehen? Es bedeutet, sich auf Unsicherheiten einzulassen, es bedeutet, sich dem Unbekannten auszusetzen, es bedeutet, Fehler zu machen. Aber es bedeutet auch, Erfahrungen zu sammeln, die dich tiefer verstehen lassen, wer du bist, was du kannst und wohin du wirklich willst.

Unser Gehirn liebt Muster und Vorhersagbarkeit. Entscheidungen fallen uns schwer, weil sie oft mit der Angst vor Verlust verbunden sind - ein psychologisches Phänomen, das als Verlustaversion bekannt ist. Wir fürchten uns stärker vor einem möglichen Fehler als wir uns auf einen möglichen Gewinn freuen. Doch wenn du diese Angst verstehst, kannst du sie überwinden. Du kannst dich bewusst für Erfahrungen entscheiden, anstatt dich von der Angst vor einem Fehltritt lähmen zu lassen.

Denke an einen Fluss, der sich seinen Weg durch die Landschaft bahnt. Selten fließt er schnurgerade. Er schlängelt sich durch Täler, umgeht Hindernisse, verändert seine Richtung, manchmal langsam, manchmal mit brausender Kraft. Würde er geradlinig verlaufen, hätte er keine Tiefe, keine Strömung, keine Kraft. So wie der Fluss seine Umgebung formt und von ihr geformt wird, so ist es auch mit deinem Leben. Die Umwege, die du nimmst, sind es, die dir Tiefe geben, die dir die Fähigkeit schenken, mit Herausforderungen umzugehen, die dir Geländekenntnis verleihen.

Jeder Umweg birgt eine Lektion. Und manchmal sind diese Lektionen hart. Du wirst scheitern, du wirst Umwege verfluchen, du wirst Momente erleben, in denen du dir wünschst, du hättest einfach die geradlinige, bequeme Straße genommen. Doch wenn du nach Jahren zurückblickst, wirst du erkennen: Genau diese Umwege haben dich geprägt. Sie haben dich widerstandsfähiger gemacht, sie haben dich weiser gemacht, sie haben dir gezeigt, wozu du wirklich fähig bist.

Das psychologische Konzept der Resilienz beschreibt genau diesen Prozess. Menschen, die Herausforderungen und Krisen nicht ausweichen, sondern sie durchleben, entwickeln eine innere Stärke, die sie in Zukunft widerstandsfähiger macht. Je mehr du dich traust, neue Wege zu gehen, desto mehr wächst deine Fähigkeit, mit Unsicherheiten umzugehen. Du trainierst dein Gehirn darauf, nicht nur Sicherheit zu suchen, sondern auch Wachstum und Sinn. Es ist eine Illusion zu glauben, dass es nur einen richtigen Weg gibt. Du bist nicht auf Schienen unterwegs, auf einer vorgegebenen Bahn, von der du nicht abweichen darfst. Dein Leben ist ein Pfad, den du selbst gestaltest. Manchmal führt er durch dichte Wälder, manchmal über karge Felsen, manchmal durch blühende Wiesen. Und oft genug wirst du erst im Rückblick erkennen, dass ein scheinbarer Irrweg in Wirklichkeit die beste Route war.

Es gibt Entscheidungen, die sich als falsch herausstellen. Es gibt Fehler, die wehtun. Doch was wäre die Alternative? Stillstand? Vorsicht bis zur Bewegungslosigkeit? Ein Leben, in dem du nur das tust, was sicher scheint, ist kein wirklich gelebtes Leben. Stell dir einen Segler vor, der den Hafen nie verlässt, aus Angst vor Stürmen. Er wird niemals das offene Meer spüren, niemals die Freiheit erleben, die nur denen zuteilwird, die bereit sind, Risiken einzugehen. Der Preis für Sicherheit ist oft die verpasste Erfahrung. Und was für ein hoher Preis das ist!

Unser Gehirn ist plastisch - das bedeutet, dass es sich ständig verändern kann. Die Wege, die du wählst, formen buchstäblich deine neuronalen Verbindungen. Wenn du dich immer für Sicherheit entscheidest, verstärkst du deine Angst vor Unsicherheit. Wenn du dich hingegen traust, neue Erfahrungen zu machen, trainierst du dein Gehirn darauf, mit Veränderung besser umzugehen. Es wird leichter, neue Chancen zu erkennen, anstatt nur Risiken zu sehen.

Du wirst nicht jede Entscheidung richtig treffen. Das ist nicht das Ziel. Das Ziel ist, Entscheidungen zu treffen. Voranzugehen. Auch wenn du Umwege machst, auch wenn du Umwege bereust - du bewegst dich. Und während du dich bewegst, lernst du. Du lernst, dass du

Stürme überstehen kannst. Du lernst, dass du auch nach Rückschlägen weitergehen kannst. Du lernst, dass dein Leben nicht durch Fehler definiert wird, sondern durch die Art und Weise, wie du mit ihnen umgehst.

Wage es, dich auf das Leben einzulassen. Wage es, Entscheidungen zu treffen. Wage es, Umwege zu gehen. Und wenn du eines Tages zurückblickst, wirst du sehen: Jeder Umweg hat dich zu dem Menschen gemacht, der du heute bist. Und genau das ist es, was ein gelingendes Leben ausmacht.

31. Der Sommer in dir

Das Leben ist eine Abfolge von Jahreszeiten. Es gibt die Zeiten der Blüte, in denen alles leicht scheint, in denen die Wärme des Lebens unsere Haut streichelt und jeder Tag voller Möglichkeiten liegt. Und es gibt den Winter - die Phasen, in denen uns die Welt kalt und abweisend erscheint, in denen jeder Schritt durch den tiefen Schnee der Herausforderungen mühsam ist. In diesen Momenten neigen wir dazu zu vergessen, dass auch der Winter seinen Zweck hat. Dass unter der scheinbaren Starre neues Leben vorbereitet wird. Dass jeder Baum, der seine Blätter verloren hat, nicht tot ist, sondern nur ruht, seine Kraft sammelt für den kommenden Frühling.

Wir alle erleben solche Winter. Sie kommen in Form von Verlusten, Enttäuschungen, Einsamkeit oder Krisen, die uns den Atem rauben. Wenn das Leben seine Eiseskälte zeigt, ist es leicht zu glauben, dass die Dunkelheit für immer bleibt. Doch genau dann ist der Moment gekommen, in dem wir uns erinnern müssen: Die Kälte definiert nicht unser Wesen. Unsere Essenz ist nicht der Winter, sondern der Sommer, der in uns wohnt. Ein Sommer, der aus Hoffnung besteht, aus Resilienz, aus dem unerschütterlichen Glauben daran, dass die Sonne wieder scheinen wird. Denn egal, wie tief die Nacht ist - der Morgen kommt gewiss.

Albert Camus formulierte es einst treffend: „Mitten im tiefsten Winter wurde mir endlich bewusst, dass in mir ein unbesiegbarer Sommer wohnt." Dieses Zitat ist weit mehr als eine poetische Floskel. Es ist ein inneres Versprechen, eine Erinnerung daran, dass selbst in den dunkelsten Momenten unseres Lebens eine unerschütterliche Kraft in uns wohnt. Diese Kraft trägt uns durch Kälte, Dunkelheit und Stürme - wenn wir sie erkennen und annehmen. Denn tief in uns lodert ein Feuer, das keine äußere Kälte ersticken kann.

Der unbesiegbare Sommer ist unsere innere Stärke, unsere Fähigkeit, uns selbst in der schwersten Zeit aufrecht zu halten. Er zeigt sich, wenn wir in der Dunkelheit eine Kerze anzünden, anstatt die Hände resigniert in den Schoß zu legen. Wenn wir nach einem Sturz aufstehen, uns den Schnee von den Schultern klopfen und weitergehen. Wenn wir uns weigern, uns von der Kälte erstarren zu lassen, sondern beschließen, unsere eigene Wärme zu entfachen. Dieser Sommer ist unbesiegbar, weil er nicht von äußeren Umständen abhängt. Er entsteht aus uns selbst heraus.

Doch wie genau entfacht man diesen inneren Sommer? Wie gelingt es, in der dunkelsten Jahreszeit Licht zu finden? Es beginnt mit einer Entscheidung. Der Entscheidung, die eigenen Gedanken bewusst zu lenken, nicht auf das zu fokussieren, was fehlt, sondern auf das, was bleibt. Die Perspektive zu ändern ist wie ein erster Sonnenstrahl nach einem langen Winter - er allein reicht nicht aus, um alles zu erwärmen, doch er kündigt an, dass die Kälte nicht ewig währt.

Es ist auch die Fähigkeit, sich selbst Trost zu spenden, sich selbst die Hand zu reichen, anstatt nur auf Rettung von außen zu warten. Ein Baum überlebt den Winter nicht, weil jemand ihm sagt, dass er durchhalten soll - er überlebt, weil er tief verwurzelt ist. Genauso müssen wir unsere eigenen Wurzeln pflegen: Freundschaften, Erinnerungen, Werte, die uns tragen, wenn die Stürme des Lebens toben. Jeder Mensch trägt diese Wurzeln in sich. Sie geben Halt, auch wenn der Wind des Lebens rau weht.

Es ist die Kunst, sich selbst kleine Lichtblicke zu schaffen. Ein gutes Buch, ein Spaziergang an der frischen Luft, eine Melodie, die Hoffnung schenkt - all das sind Funken, die das Feuer in uns nähren. Wir neigen dazu, auf große Veränderungen zu warten, auf den einen Moment, der alles besser macht. Doch oft sind es die kleinen Schritte, die uns durch den Winter tragen. Jeder Funke zählt.

Du trägst diesen Sommer in dir. Auch wenn er manchmal verborgen scheint, wenn er von Eis und Dunkelheit umhüllt ist - er ist da. Und er ist nicht zerbrechlich, sondern kraftvoll. Du hast ihn vielleicht in den Momenten gespürt, in denen du trotz aller Zweifel weitergegangen bist. In denen du mit einem Funken Hoffnung einen neuen Tag begonnen hast. In denen du nicht aufgegeben hast, obwohl es leichter gewesen wäre, sich der Schwere hinzugeben. Dieser Sommer lebt in dir, unabhängig davon, was im Außen geschieht.

Das Leben wird dich immer wieder herausfordern. Es wird Winter geben, in denen der Schnee so hoch liegt, dass du glaubst, keinen Schritt weitergehen zu können. Doch genau dann ist es an der Zeit, dich zu erinnern: Der Sommer in dir wartet nur darauf, dass du ihn wieder zum Leben erweckst. Er ist unbesiegbar, weil er nicht durch äußere Umstände zerstört werden kann. Weil er aus deiner inneren Kraft besteht, aus deinem Glauben an das Leben selbst. Und so kannst du, selbst in den kältesten Nächten, den Blick heben und wissen: Die Sonne wird wieder scheinen. Und wenn du sie nicht am

Himmel siehst, dann lass sie aus dir selbst heraus strahlen. Denn du bist stärker, als du denkst. Du bist der Sommer, auch mitten im tiefsten Winter. Und jedes Mal, wenn du glaubst, die Kälte würde dich lähmen, erinnere dich daran, dass deine innere Wärme alles überstrahlen kann. Du bist das Licht, das nie ganz erlischt, du bist die Flamme, die auch im Sturm weiterbrennt. Halte sie am Leben. Denn solange du sie bewahrst, kann kein Winter dich besiegen.

Im Kreis des Lebens

Der Frühling spricht mit jungem Ton:
Wach auf, beginne, trau dich schon.
Die Welt wird weit, das Herz wird weich,
aus jedem Samen wächst ein Reich.

Der Sommer ruft: Jetzt lebe laut,
vertrau dem Licht, sei sonnenbraut.
Die Tage glühen, voller Kraft,
das Leben zeigt, was Freude schafft.

Der Herbst sagt leise: Schau zurück,
was bleibt von allem Lebensglück?
Er färbt den Abschied bunt und schön,
lehrt uns, im Loslass'n still zu steh'n.

Der Winter flüstert: Werde still,
hör, was das Herz dir sagen will.
In tiefer Ruh, im weißen Land
liegt neues Leben schon zur Hand.

So geht das Jahr, so geht das Sein,
in jedem End ein Neubeginn.
Wer mit dem Wandel leben kann,
kommt bei sich selbst - und anderen - an.

32. Ein zweites Leben

Stell dir vor, du wachst eines Morgens auf und stellst fest, dass sich nichts verändert hat. Dein Alltag beginnt wie gewohnt. Die Routine läuft ab. Du erledigst die Dinge, die von dir erwartet werden, ohne groß darüber nachzudenken. Du stehst auf, vielleicht frühstückst du, vielleicht nicht. Du gehst deiner Arbeit nach, kümmerst dich um Verpflichtungen, füllst deine Zeit mit Aufgaben, Ablenkungen, vielleicht mit Sorgen oder Ärgernissen. Und irgendwo inmitten all dessen, vielleicht nur für einen kurzen Moment, kommt die Frage auf: Ist das alles?

Es ist eine Frage, die leicht beiseitegeschoben werden kann. Es gibt genug zu tun, genug Gründe, sich nicht allzu intensiv mit ihr auseinanderzusetzen. Aber sie bleibt. Sie kehrt zurück, mal als ein leises Flüstern im Hintergrund, mal als ein drängender Gedanke, der sich nicht mehr ignorieren lässt. Vielleicht geschieht es in einem Moment der Stille, vielleicht nach einem Verlust, einer Enttäuschung oder einfach nach Jahren der Routine, in denen du plötzlich innehältst und dich fragst, ob du wirklich das Leben führst, das du führen möchtest.

So viele Menschen leben, als hätten sie unendlich viel Zeit. Sie verschieben ihre Träume auf später, ihre Sehnsüchte auf unbestimmte Zeit, ihre wahren Wünsche in eine ferne Zukunft. Sie ertragen Dinge, die sie unglücklich machen, aus Gewohnheit, aus Angst vor Veränderung, aus Unsicherheit darüber, was stattdessen sein könnte. Sie funktionieren. Sie existieren. Aber leben sie wirklich?

Das Leben ist nicht unbegrenzt. Das weißt du. Natürlich. Theoretisch ist es jedem bewusst. Doch wirklich begreifen, wirklich fühlen, dass unsere Zeit endlich ist - das tun die wenigsten. Und wenn es dann doch geschieht, wenn ein Moment kommt, der dich mit voller Wucht daran erinnert, dann ist es oft ein Schock. Weil es bedeutet, dass alles, was du aufgeschoben hast, vielleicht nie passiert. Dass jeder Tag, den du ohne Bewusstsein für seine Einzigartigkeit verbringst, ein verlorener Tag ist. Dass du vielleicht jahrelang darauf gewartet hast, zu leben - ohne zu merken, dass das Leben längst da war.

Vielleicht hast du dein Leben bisher wie eine Sanduhr betrachtet. Du siehst, wie der Sand langsam durch die schmale Öffnung rinnt, in einem ruhigen, gleichmäßigen Strom. Und weil der obere Teil noch gefüllt ist, glaubst du, du hättest genug Zeit. Doch was, wenn sich plötzlich jemand vorbeugt und die Sanduhr umdreht? Oder wenn du feststellst, dass viel weniger Sand übrig ist, als du dachtest? Was, wenn du erst dann realisierst, dass du die Zeit, die dir bleibt, bewusster hättest nutzen sollen?

Manchmal sind es äußere Ereignisse, die uns aufwecken. Ein Unfall, eine Krankheit, der Verlust eines Menschen, der uns nahestand. Plötzlich ist da diese Dringlichkeit, plötzlich fühlt sich Zeit nicht mehr wie eine Ressource an, die endlos zur Verfügung steht. Plötzlich wird jede Sekunde wertvoll. Und dann geschieht etwas Erstaunliches: Prioritäten verschieben sich. Dinge, die eben noch wichtig erschienen, verlieren ihre Bedeutung. Und anderes, das lange in den Hintergrund gerückt war, drängt in den Vordergrund. Die Frage ist: Warum warten, bis uns das Leben zwingt, aufzuwachen?

Es ist nie zu spät, bewusst zu leben. Es ist nie zu spät, Entscheidungen zu treffen, die dein Leben verändern. Es ist nie zu spät, sich von Dingen zu lösen, die dich zurückhalten, und den ersten Schritt in eine Richtung zu machen, die sich wirklich nach deinem Weg anfühlt. Aber es erfordert Mut. Es erfordert Ehrlichkeit gegenüber dir selbst. Und es erfordert die Bereitschaft, das Bekannte, das Vertraute loszulassen - selbst, wenn es bequem ist, selbst wenn es einfacher wäre, alles beim Alten zu belassen.

Der Moment, in dem du wirklich erkennst, dass du nur dieses eine Leben hast, ist der Moment, in dem sich alles ändert. Es ist der Moment, in dem dein zweites Leben beginnt. Das Leben, das du nicht länger einfach geschehen lässt, sondern das du bewusst gestaltest. Das Leben, in dem du Verantwortung für dein eigenes Glück übernimmst. Das Leben, in dem du nicht mehr nur existierst, sondern wirklich lebst.

Vielleicht fragst du dich, wo du anfangen sollst. Die Antwort ist einfach: Hier. Jetzt. Indem du ehrlich zu dir selbst bist. Indem du dir die Fragen stellst, die du vielleicht lange vermieden hast. Indem du dich fragst, was du wirklich willst, unabhängig von Erwartungen, von gesellschaftlichen Normen, von dem, was andere für richtig halten. Indem du beginnst, Entscheidungen nicht aus Angst, sondern aus Überzeugung zu treffen.

Du musst nicht alles auf einmal ändern. Aber du kannst heute damit beginnen, einen bewussten Schritt in Richtung deines echten Lebens zu machen. Und dann den nächsten. Und den nächsten. Vielleicht wirst du irgendwann zurückblicken und erkennen, dass dieser

Moment, in dem du dich entschieden hast, wirklich zu leben, der wichtigste Moment deines Lebens war.

Es sind nicht immer die großen Umbrüche, die den Unterschied machen. Manchmal ist es eine kleine Veränderung in der Art, wie du deinen Tag beginnst. Ein bewusster Atemzug am Morgen, ein Moment der Dankbarkeit für das, was bereits da ist. Eine Entscheidung, heute eine Sache anders zu machen als gestern. Bewusst zu lächeln, bewusst zuzuhören, bewusst zu handeln. Das Leben geschieht nicht nur in den dramatischen Wendepunkten - es entfaltet sich in den kleinen Momenten, die wir bewusst erleben.

Und vielleicht erkennst du irgendwann, dass es nicht darum geht, ein perfektes Leben zu führen, sondern ein echtes. Eines, das zu dir passt. Eines, in dem du nicht nur wartest, sondern gestaltest. Eines, in dem du nicht nur träumst, sondern lebst.

Leben ist mehr als Zeit, die vergeht,
mehr als ein Fluss, der ins Weite zieht.
Es ist der Mut, es ist die Tat,
die Stimme, die ruft, die Seele, die sagt.

33. Die Farbe deiner Gedanken

Stell dir vor, dein Geist sei ein unbeschriebenes Blatt Papier. Jeder Gedanke, der sich in deinem Kopf regt, hinterlässt eine Spur, einen Farbklecks, eine Schattierung. Mit der Zeit entsteht daraus ein Bild, das deine innere Welt formt. Marc Aurel sprach davon, dass die Seele die Farbe der Gedanken annimmt. Ein einfaches, aber tiefgehendes Prinzip, das dir zeigt, dass du nicht machtlos bist gegenüber deinem Innenleben.

Erinnere dich an einen Raum, der lange leer stand. Stell dir vor, wie der Staub sich in den Ecken sammelt, wie die Fenster allmählich verblassen, das Licht dumpf wird. So ist es mit negativen Gedanken. Sie setzen sich fest, schleichen sich ein, und wenn sie lange genug bleiben, überziehen sie deine Seele mit einer grauen Schicht. Vielleicht merkst du es nicht einmal sofort. Vielleicht glaubst du, dass das einfach die Realität ist, dass das Leben eben so aussieht. Doch in Wahrheit sind es die Gedanken, die du zulässt, die dein Bild der Welt einfärben.

Stell dir nun vor, du beginnst, jeden Tag ein kleines Fenster zu öffnen. Ein positiver Gedanke, ein Lichtstrahl, ein bisschen Frische in diesem Raum. Anfangs scheint es nicht viel zu bewirken, doch mit der Zeit siehst du, wie das Licht die Schatten vertreibt, wie sich das Bild in dir zu verwandeln beginnt. Es ist kein schneller Prozess, aber ein möglicher.

Wenn du einen Garten pflegst, weißt du, dass die Samen, die du säst, mit der Zeit keimen. Gedanken sind wie diese Samen. Was du in deinem Kopf pflegst, wächst. Lässt du Zweifel, Angst und Wut dominieren, wirst du eine düstere, unruhige Ernte einfahren. Doch wenn du Achtsamkeit, Hoffnung und Mut kultivierst, wirst du eines Tages zwischen bunten Blüten stehen. Das erfordert Arbeit. Es erfordert Disziplin. Und es erfordert Geduld.

Manchmal sind die Gedanken, die uns belasten, nicht einmal unsere eigenen. Sie wurden uns eingepflanzt, vielleicht in der Kindheit, vielleicht von der Gesellschaft, vielleicht durch schmerzvolle Erfahrungen. Doch das bedeutet nicht, dass sie für immer bleiben müssen. Stell dir vor, du hast eine alte Leinwand vor dir, voll mit dunklen Farben, die nicht deine eigenen sind. Du hast die Möglichkeit, eine neue Schicht darüberzulegen. Du kannst entscheiden, wie du dein Bild gestaltest. Es braucht Mut, die alten Farben loszulassen, aber es ist möglich.

Wenn du jetzt zurückdenkst an Zeiten, in denen du dich glücklich gefühlt hast, erkennst du vielleicht, dass deine Gedanken damals eine andere Färbung hatten. Vielleicht war dein innerer Dialog wohlwollender, vielleicht hast du mehr Chancen als Hindernisse gesehen. Und genauso kannst du heute anfangen, dein Denken zu lenken. Nicht durch erzwungenen Optimismus, nicht durch das Ignorieren von Problemen, sondern durch eine bewusste Entscheidung: Ich wähle, worauf ich meinen Fokus richte.

Denk an das Meer. Es gibt Tage, an denen es wild und unruhig ist, Wellen brechen, der Himmel stürmisch ist. Und dann gibt es Tage, an denen es ruhig daliegt, glasklar, fast spiegelnd. Dein Geist ist wie dieses Meer.

Mal ist er aufgewühlt, mal ruhig. Doch unter der Oberfläche bleibt er immer dasselbe Wasser. Deine Gedanken sind die Wellen, nicht das Meer selbst. Wenn du das erkennst, beginnst du, Abstand zu ihnen zu gewinnen. Du lernst, dass Gedanken kommen und gehen, aber du nicht jeder Welle folgen musst.

Jeden Tag hast du die Wahl, welche Gedanken du nährst. Wenn du beginnst, dies bewusst zu tun, wirst du sehen, wie sich die Farbe deiner Seele langsam wandelt. Und eines Tages wachst du auf, siehst dich um und merkst, dass der Raum in dir voller Licht ist.

Doch was geschieht, wenn dunkle Gedanken plötzlich zurückkehren? Sie werden es tun, denn das Leben ist keine geradlinige Aufwärtsbewegung. Doch dann hast du etwas, das du früher vielleicht nicht hattest: Bewusstsein. Du kannst sie wahrnehmen, ohne ihnen nachzugeben. Sie sind wie Wolken am Himmel - sie ziehen vorüber, aber sie sind nicht der Himmel selbst. Und jedes Mal, wenn du dich entscheidest, dich nicht mit ihnen zu identifizieren, stärkst du das Licht in dir.

Die Kunst besteht nicht darin, niemals negative Gedanken zu haben, sondern zu lernen, ihnen nicht die Kontrolle zu überlassen. Du bist nicht deine Angst. Du bist nicht dein Zweifel. Du bist derjenige, der entscheiden kann, was bleibt und was gehen darf. Und je öfter du dich für das Licht entscheidest, desto heller wird deine innere Welt erstrahlen. Das wünsche ich dir.

34. Wenn dein Regenschirm zur Last wird

Du kennst das sicher: Ein plötzlicher Regenschauer zwingt dich, einen Regenschirm aufzuspannen. Er schützt dich vor dem kalten Nass, lässt dich trocken bleiben und gibt dir ein Gefühl von Sicherheit. Doch was passiert, wenn der Regen nachlässt, wenn die Sonne langsam durch die Wolken bricht? Der Schirm, eben noch dein Schutzschild, wird plötzlich überflüssig. Er wird eine Last, die du mit dir herumträgst, ohne dass sie dir noch nützt.

Genauso verhält es sich mit den Ängsten und Sorgen, an denen wir uns oft viel zu lange festklammern. Sie scheinen uns zu schützen, uns vorzubereiten auf mögliche Gefahren. Doch viel zu oft halten wir an ihnen fest, auch wenn die Bedrohung längst vorbei ist. Unser Geist ist darauf programmiert, Sicherheit zu suchen. Doch in dieser Suche erschaffen wir oft unsere eigenen Gefängnisse. Wir tragen unseren Regenschirm weiter, obwohl längst Sonnenschein herrscht.

Vielleicht hältst du an Sorgen aus der Vergangenheit fest. Eine schlechte Erfahrung, ein Schmerz, eine Enttäuschung - all das sind Regenschirme, die dich damals geschützt haben. Du hast vielleicht gelernt, misstrauisch zu sein, vorsichtig, vielleicht sogar ängstlich. Und jetzt? Die Zeiten haben sich geändert, aber du hältst deinen Schutzmechanismus aufrecht. Die Angst vor dem nächsten Regen hält dich davon ab, den Schirm zusammenzufalten. Doch ist das wirklich nötig?

Wir leben oft mit einem Gefühl der ständigen Bedrohung. Was, wenn morgen etwas Schlimmes passiert? Was, wenn ich versage? Was, wenn mich jemand verletzt? Und so tragen wir unsere Schutzmechanismen mit uns herum, halten an Gewohnheiten fest, die uns einmal Sicherheit gegeben haben. Doch wenn du genau hinschaust, wirst du feststellen, dass viele dieser Ängste unbegründet sind. Vieles, was du für eine potenzielle Gefahr hältst, existiert nur in deinem Kopf. Dein Körper spannt sich an, dein Geist ist in Alarmbereitschaft - für einen Sturm, der vielleicht nie kommt.

Und während du in dieser ständigen Vorsicht lebst, übersiehst du die Schönheit der Gegenwart. Du hältst dich zurück, wagst dich nicht aus deiner Komfortzone, weil du immer noch mit dem Regenschirm in der Hand dastehst. Doch während du dich gegen einen imaginären Regen schützt, entgeht dir der klare Himmel, die warme Sonne auf deiner Haut. Dein Sicherheitsdenken verhindert, dass du das Leben in seiner ganzen Fülle erfährst.

Es ist Zeit, den Regenschirm loszulassen. Nicht, weil du leichtsinnig sein sollst. Nicht, weil du dich jeder Gefahr schutzlos aussetzen sollst. Sondern weil du erkennen kannst, dass es nicht immer regnet. Weil du lernen darfst, zu unterscheiden, wann Vorsicht angebracht ist und wann sie dich nur behindert. Deine Vergangenheit mag dir beigebracht haben, dich zu schützen, doch du bist nicht deine Vergangenheit. Du kannst jetzt wählen, bewusst und frei. Du kannst entscheiden, wann du loslassen willst.

Denk einmal darüber nach: Was hält dich zurück? Welche Ängste trägst du mit dir herum, obwohl sie längst überflüssig sind? Welche Sorgen dominieren dein Denken, obwohl es gar keine konkrete Bedrohung gibt? Es gibt Momente, in denen es klug ist, vorbereitet zu sein, aber es gibt auch Momente, in denen es an der Zeit ist, die Schultern zu entspannen, tief durchzuatmen und den Schirm zu schließen.

Das Leben ist nicht dazu gedacht, in ständiger Angst gelebt zu werden. Es gibt so viele Möglichkeiten, so viel Schönheit, so viel Freude, die darauf warten, von dir entdeckt zu werden. Aber du wirst sie nur sehen, wenn du bereit bist, den Blick zu heben, den Himmel anzusehen und den Mut aufzubringen, den Regenschirm loszulassen. Also frage dich: Ist es wirklich noch nötig, ihn festzuhalten?

Denn am Ende geht es nicht darum, immer vorbereitet zu sein. Es geht darum, zu leben. Sich vom Wind tragen zu lassen, den Moment zu spüren und voller Vertrauen den nächsten Schritt zu setzen. Der Himmel wartet auf dich. Die Sonne ist längst da. Also lass den Schirm los - und tanze.

Ein Schirm, der Schutz vor Regen bot,
wird schwer, wenn Sonnenschein ihm droht.
Leg ihn beiseite, sei bereit,
für Freiheit, Mut und Leichtigkeit.
Vergiss die Angst, den dunklen Blick,
geh vorwärts, spür dein Lebensglück.
Die Welt ist weit, der Tag ist dein,
du bist bereit, du darfst jetzt sein.

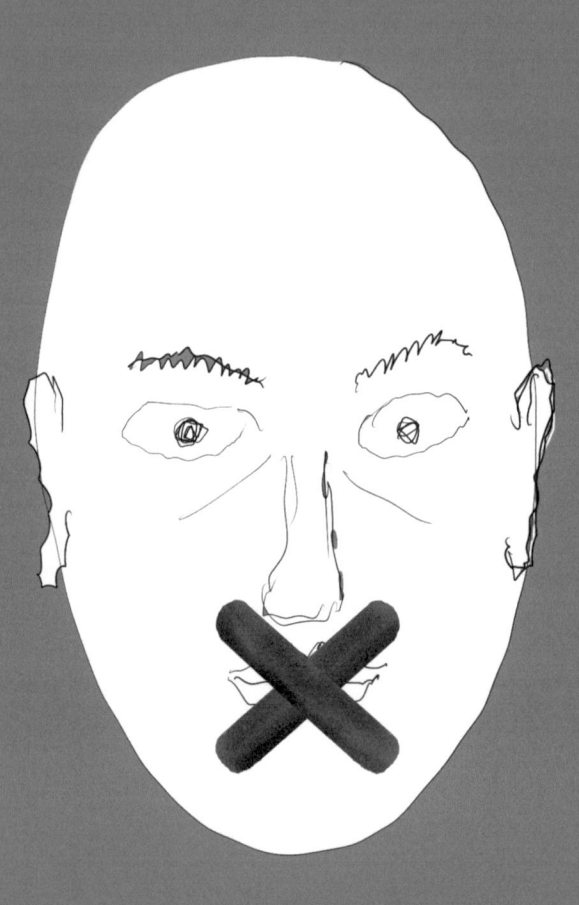

35. Das Echo deines Inneren

„Jedes Wort hat Konsequenzen. Jedes Schweigen auch."
Dieser Satz von Jean-Paul Sartre bringt eine der grundlegendsten Wahrheiten unseres Lebens auf den Punkt: Unsere Worte formen unsere Realität. Sie beeinflussen unsere Beziehungen, unsere Erfolge und unser Selbstbild. Doch auch das, was wir nicht sagen, hat eine Wirkung. Es gibt Momente, in denen wir mit unserer Stimme etwas bewirken können - und Momente, in denen unser Schweigen lauter ist als jeder gesprochene Satz. Worte haben Kraft. Sie können ermutigen oder zerstören, aufbauen oder entmutigen. Die Art und Weise, wie wir sprechen, bestimmt, wie wir die Welt erleben - und wie die Welt uns wahrnimmt. Aber auch das, was wir uns selbst sagen, hinterlässt Spuren. Wer sich innerlich ständig kritisiert, der gräbt sich eine Falle aus Selbstzweifeln, die jedes Selbstvertrauen erstickt. Wer sich hingegen ermutigt, dem wächst mit der Zeit ein sicherer Boden unter den Füßen. Unsere Worte sind wie Samen, die wir säen. Sie können zu starken Bäumen heranwachsen oder zu einem Dornenfeld werden, in dem wir uns selbst verfangen.

Doch manchmal ist es nicht das gesprochene Wort, sondern das bewusste Schweigen, das die tiefsten Wellen schlägt. In hitzigen Momenten kann es weise sein, die Stille zu wählen, um nicht aus der Wut heraus zu sprechen und Dinge zu sagen, die nicht mehr rückgängig gemacht werden können. Schweigen kann Schutz sein, eine Atempause für unsere Gedanken, eine Brücke, die erst gebaut wird, bevor wir sie überqueren. Doch es kann auch eine unsichtbare Mauer errichten, die uns von anderen trennt. Wenn wir schweigen, obwohl wir eigentlich sprechen sollten, kann das bedeuten, dass wir uns selbst verleugnen. Es gibt eine feine Grenze zwischen Zurückhaltung und Selbstaufgabe, zwischen Besonnenheit und Feigheit. Zu oft bleiben Menschen still, weil sie Angst haben, abgelehnt oder verurteilt zu werden. Doch wer sich dauerhaft nicht äußert, verliert sich selbst - Stück für Stück, Wort für Wort.

Sich zu äußern bedeutet, sich zu zeigen. Das kann Mut erfordern, gerade in einer Welt, in der Meinungen oft laut und ungefiltert aufeinanderprallen. Vielleicht hast du in einem Gespräch geschwiegen, obwohl du wusstest, dass deine Meinung wertvoll gewesen wäre. Vielleicht hast du genickt, obwohl du anderer Meinung warst. Doch jedes Mal, wenn du deine Gedanken zurückhältst, verringerst du die Verbindung zu dir selbst. Die Angst vor Ablehnung ist tief in uns verankert. Sie ist evolutionär, denn unser Gehirn wurde darauf programmiert, das soziale Überleben zu sichern. Doch die Zeiten, in denen Andersdenken den Ausschluss aus der Gemeinschaft bedeutete, sind vorbei. Heute haben wir die Freiheit, unsere Gedanken zu teilen - und mit ihnen unsere Persönlichkeit zu zeigen.

Natürlich ist es nicht immer einfach, sich zu äußern. Unsere Erziehung, unsere Erfahrungen, unsere Ängste spielen dabei eine Rolle. Vielleicht haben wir gelernt, dass es sicherer ist, uns anzupassen, dass unsere Meinung nicht zählt oder dass Konflikte vermieden werden sollten. Doch wenn wir lernen, unsere Stimme zu nutzen, gewinnen wir Selbstvertrauen. Es beginnt mit kleinen Schritten: Achtsamkeit für die eigenen Worte, die bewusste Entscheidung, nicht aus Emotionen heraus zu sprechen, sondern mit Bedacht. Und dann der Mut, unsere Wahrheit auszusprechen - auch wenn sie nicht jedem gefallen mag. Denn wer spricht, übernimmt Verantwortung für sein Leben. Wer schweigt, überlässt es anderen.

Jedes Wort, das du wählst, hinterlässt Spuren - in deinem Leben und im Leben anderer. Und jedes Mal, wenn du deine Stimme nutzt, formst du deine Realität. Entscheide bewusst, wann du sprichst und wann du schweigst. Doch vor allem: Erkenne den Wert deiner Worte. Sie sind nicht nur Geräusche, sie sind Brücken, sie sind Richtungsweiser, sie sind das Echo deines Inneren in der Welt. Nutze sie mit Bedacht und mit Mut. Denn am Ende deines Lebens wirst du nicht die Worte bereuen, die du mit Überzeugung gesprochen hast - sondern jene, die du aus Angst verschluckt hast.

36. Bleiben oder gehen?

Manchmal stehen wir an einem Punkt in unserem Leben, an dem wir uns fragen: Bleiben oder gehen? Es ist eine dieser Fragen, die sich tief in unser Innerstes gräbt, die uns nachts wachhält, die uns unruhig werden lässt. Denn die Antwort darauf ist nicht immer so einfach, wie wir es uns wünschen würden. Und doch ist sie eine der wichtigsten Fragen, die wir uns stellen können. Denn sie entscheidet über den Weg, den wir weitergehen. Sie entscheidet über das Leben, das wir führen werden. Und sie entscheidet darüber, ob wir uns selbst treu bleiben oder ob wir uns an etwas festhalten, das uns längst nicht mehr entspricht.

Aber wie findet man die richtige Antwort? Wie entscheidet man, ob es besser ist zu bleiben oder zu gehen? Was wiegt schwerer - die Sicherheit des Vertrauten oder die Sehnsucht nach Veränderung? Die Angst vor dem Ungewissen oder das Wissen, dass etwas nicht mehr passt? Ist es Mut, zu gehen, oder ist es Mut, zu bleiben und zu kämpfen? Und woher weiß man, wann die Zeit für eine Entscheidung gekommen ist?

Oft sind es nicht die offensichtlichen Dinge, die uns in dieser Entscheidung festhalten oder vorantreiben. Es sind die kleinen Momente, die Emotionen, die tief in uns verborgen sind, die ungesagten Worte, die unausgesprochenen Zweifel. Manchmal sind wir so daran gewöhnt, an etwas festzuhalten, dass wir gar nicht merken, dass es uns längst nicht mehr guttut. Aber manchmal gibt es auch eine verborgene Kraft in uns, die uns sagt, dass es sich lohnt zu bleiben, auch wenn es gerade schwer ist.

Es gibt viele Gründe zu gehen. Wenn ein Ort, eine Beziehung, ein Job oder eine Lebenssituation uns nur noch Energie raubt, wenn wir uns selbst darin verlieren, wenn wir jeden Tag das Gefühl haben, dass wir nicht mehr wir selbst sind, dann kann das ein Zeichen sein, dass es Zeit ist für einen Neuanfang. Aber genauso gibt es viele Gründe zu bleiben. Wenn trotz aller Zweifel noch Hoffnung da ist, wenn wir spüren, dass Veränderung auch innerhalb dieser Situation möglich ist, wenn wir tief in uns wissen, dass es sich lohnt, zu kämpfen - dann kann das Bleiben die richtige Entscheidung sein.

Die Wahrheit ist: Man braucht keinen Grund, um zu gehen, wenn man keinen mehr hat, um zu bleiben. Aber man muss sich die Frage stellen: Habe ich wirklich keinen Grund mehr zu bleiben? Oder gibt es noch etwas, das mich hält? Etwas, das noch nicht ausgeschöpft ist, etwas, das es wert ist, eine zweite Chance zu bekommen? Manchmal neigen wir dazu, vorschnell aufzugeben, weil wir Angst haben, dass es ohnehin nicht besser wird. Und manchmal bleiben wir zu lange, weil wir nicht den Mut haben, loszulassen. Beides sind keine einfachen Entscheidungen.

Es gibt keinen perfekten Moment für eine Veränderung. Es gibt keinen klaren Fahrplan, wann es richtig ist zu gehen und wann es besser ist zu bleiben. Aber es gibt eines: dein Gefühl. Und dein Gefühl ist der beste Kompass, den du hast. Vielleicht sagt es dir, dass du längst schon weg bist, nur dein Körper noch geblieben ist. Vielleicht sagt es dir aber auch, dass es noch nicht vorbei ist, dass es noch eine Chance gibt, dass es noch Möglichkeiten gibt, die du nicht gesehen hast. Und beides ist in Ordnung.

Die Kunst liegt darin, ehrlich zu sich selbst zu sein. Sich nicht von Angst leiten zu lassen, sondern von Klarheit. Sich nicht einzureden, dass man keine Wahl hat, sondern sich bewusst zu machen, dass man immer eine Wahl hat. Und dann die Entscheidung zu treffen, die sich richtig anfühlt.

Was hält dich noch? Ist es die Liebe? Ist es die Hoffnung? Ist es die Verpflichtung, die du fühlst? Oder ist es nur die Angst vor dem Unbekannten? Und wenn du gehst - tust du es, weil es wirklich das Beste für dich ist? Oder tust du es, weil du nicht mehr kämpfen willst? Und wenn du bleibst - ist es aus Überzeugung? Oder aus Angst vor Veränderung?

Du bist der einzige Mensch, der diese Fragen beantworten kann. Und du bist die einzige Person, die mit dieser Entscheidung leben wird. Also nimm dir Zeit. Hör in dich hinein. Und triff die Wahl, die dich am Ende nicht bereuen lässt. Denn es ist dein Leben. Und du verdienst es, es so zu leben, dass es sich richtig anfühlt - ob das bedeutet zu bleiben oder zu gehen.

Wenn deine Seele Frieden findet,
und leise Glück dein Herz umwindet,
dann lohnt es sich, noch hier zu sein,
doch fühlst du Leere - geh allein.

37. Frühling, Sommer, Herbst und Winter

Stell dir dein Leben als einen großen, weit geschwungenen Bogen vor, eingebettet in den unaufhaltsamen Tanz der Jahreszeiten. Wie das Jahr im Kreislauf von Werden und Vergehen fließt, so entfaltet sich auch dein Dasein in sanften Wellen, jede Phase mit ihrer eigenen Melodie, ihrer eigenen Botschaft an dich.

Der Frühling ist das Erwachen, das zarte Erblühen. Ein leiser Hauch von Neubeginn liegt in der Luft, und du spürst das unbändige Versprechen des Lebens auf deiner Haut. Noch unbeholfen, aber voller Neugier streckst du deine Arme aus, suchst, tastest, erkundest. Die Welt ist ein Wunder, und du bist Teil dieses Wunders. Jeder Tag ein Abenteuer, jeder Fehler eine Einladung zum Wachsen. Du fällst, stehst auf, lachst, weinst - und all das gehört zu diesem ersten Blühen, zu diesem wilden, ungezähmten Frühling, der nichts anderes kennt als die Freude des Anfangs.

Dann folgt der Sommer, üppig, voller Kraft, ein Feuerwerk der Möglichkeiten. Du stehst mitten im Leben, atmest tief die warme Luft ein, fühlst die Sonnenstrahlen auf deiner Haut. Dies ist die Zeit des Aufbaus, der Leidenschaft, des Gestaltens. Du folgst Träumen, fällst Entscheidungen, setzt Segel in unbekannte Gewässer. Dein Herz schlägt stark, deine Schritte sind entschlossen. Doch auch der Sommer kennt Gewitter, plötzliche Stürme, Nächte voller Zweifel. Die Hitze kann brennen, das Licht kann blenden. Doch es ist die Zeit, in der du begreifst, dass wahre Stärke nicht im Widerstand liegt, sondern in der Kunst des Mitfließens, im Annehmen dessen, was ist.

Der Herbst schleicht sich leise heran, ein sanftes Glühen in Gold und Rot. Die Früchte deiner Mühen hängen schwer an den Ästen, bereit zur Ernte. Du hältst inne, betrachtest das, was du geschaffen hast - mit Stolz, mit Dankbarkeit, vielleicht auch mit einer leichten Melancholie. Die Tage werden kürzer, die Luft kühler, und du spürst, dass sich etwas verändert. Loslassen wird zum neuen Lernen. Nicht mehr alles festhalten, nicht mehr alles kontrollieren. Stattdessen vertrauen, dass das Leben seinen eigenen Rhythmus kennt. Der Herbst lehrt dich, dass Abschied nicht Verlust bedeutet, sondern Vollendung. Dass Veränderung kein Ende ist, sondern eine Einladung zur Reife.

Und schließlich stellt sich der Winter ein. Still, klar, ein leiser Atemzug. Die Welt wird langsamer, und du mit ihr. Der Lärm verstummt, und in der Stille erkennst du das Wesentliche. Nicht, was du erreicht hast, zählt am Ende, sondern wie du geliebt hast. Die Spuren, die du hinterlassen hast in den Herzen anderer, das Licht, das du weitergegeben hast. Du brauchst nicht mehr rennen, nicht mehr kämpfen. Du darfst ruhen, darfst mit sanftem Blick zurückschauen auf die Wege, die du gegangen bist. Und dann begreifst du: Der Winter ist kein Abschied, sondern ein Heimkommen. Ein sanftes Zurückfließen in den großen Kreislauf des Seins. Und vielleicht, nur vielleicht, beginnt in dieser tiefen Stille schon leise das Flüstern eines neuen Frühlings.

Denn das Leben ist kein geradliniger Weg, sondern ein Tanz im Kreis der Zeit. Es ist ein stetiges Werden und Vergehen, ein Rhythmus, dem wir alle folgen, bewusst oder unbewusst. Jede Phase trägt ihren eigenen Zauber, ihre eigene Melodie, und wenn du aufhörst, dich gegen den Wandel zu stemmen, wirst du erkennen, dass alles genau so sein soll, wie es ist. Nichts ist verloren, nichts bleibt ohne Sinn - alles ist Teil eines größeren Ganzen.

Und so schließt sich der Kreis, nicht als Ende, sondern als Übergang. Was du gegeben hast, bleibt, was du erlebt hast, ist in dir. Die Jahreszeiten wechseln, aber sie kehren immer wieder, in neuer Form, mit neuer Kraft. Und in diesem ewigen Wandel liegt der Trost: Du bist Teil von etwas, das größer ist als du selbst. Etwas, das niemals wirklich vergeht.

Ein Hauch von Frühling, ein Lächeln im Wind,
Die Zeit fließt weiter, so leise, so lind.
Blätter tanzen, verwehen ins Licht,
Doch ihre Melodie vergeht uns nicht.

Jeder Tag ein Blatt im großen Buch,
Geschrieben mit Liebe, mit Freude, mit Fluch.
Und wenn der Schnee das letzte Wort spricht,
Weißt du: Verloren ist hier nichts.

38. Nächstenliebe leuchtet leise

Die Pflege eines geliebten Menschen ist eine der tiefsten und zugleich herausforderndsten Aufgaben, die das Leben uns stellen kann. Sie verlangt nicht nur körperliche Kraft, sondern auch emotionale Tiefe, Geduld und eine Liebe, die sich nicht in bloßen Worten, sondern in täglichen Handlungen zeigt. Wenn du dich um einen pflegebedürftigen Angehörigen kümmerst, begibst du dich auf einen Weg, der dich verändern wird - in einer Weise, die du dir vielleicht vorher nicht vorstellen konntest.

Es ist eine Reise voller Hingabe, auf der du lernst, was es bedeutet, wirklich für einen anderen Menschen da zu sein. Vielleicht pflegst du deine betagten Eltern, deinen Partner oder ein krankes Kind. Jeder Tag bringt neue Herausforderungen mit sich, Momente der Erschöpfung, aber auch Augenblicke tiefer Verbundenheit. Du wirst erleben, wie sehr du über dich hinauswachsen kannst, aber auch, wie dünn manchmal die Grenze zwischen deiner eigenen Belastbarkeit und dem Wunsch, alles richtig zu machen, sein kann.

Die Pflege fordert dich in einer Weise heraus, die oft unterschätzt wird. Sie verlangt nicht nur physische Anstrengung - das Heben, das Waschen, das Umkleiden, das Organisieren des Alltags - sondern auch eine enorme mentale und emotionale Stärke. Es gibt Nächte ohne Schlaf, Tage voller Sorgen, Stunden der Verzweiflung. Die Verantwortung lastet schwer auf deinen Schultern. Jede Entscheidung kann Auswirkungen haben, jede Verzögerung, jede Unsicherheit. Du willst alles richtig machen, aber du bist nur ein Mensch. Und genau hier liegt eine der größten Herausforderungen: zu erkennen, dass du nicht unerschöpflich bist.

„Einer trage des anderen Last, so werdet ihr das Gesetz Christi erfüllen." (Galater 6,2)

Doch was geschieht, wenn die Last zu schwer wird? Wenn du dich selbst verlierst in der endlosen Abfolge von Pflegeaufgaben, wenn deine eigenen Bedürfnisse schrumpfen, weil du nur noch funktionierst? Es gibt Momente, in denen die Einsamkeit sich breitmacht, in denen du dich fragst, ob jemand überhaupt sieht, was du leistest. Pflege geschieht oft im Verborgenen, ohne große Anerkennung, ohne Applaus. Der Alltag dreht sich um Medikamente, Arztbesuche, um Essen, Hygiene, um das richtige Wort zur richtigen Zeit. Aber wer fragt dich, ob du selbst eine Pause brauchst? Wer kümmert sich um dich?

Die Grenzen der Belastbarkeit sind nicht immer klar erkennbar. Oft überschreiten wir sie unbewusst, weil wir glauben, dass wir noch ein wenig mehr durchhalten können, noch ein bisschen mehr geben müssen. Doch Erschöpfung kommt schleichend, und wenn du dich selbst verlierst, kannst du irgendwann nicht mehr geben. Deswegen ist es wichtig, dass du dir eingestehst, wenn es zu viel wird. Dass du erkennst, dass auch du ein Recht auf Erholung hast. Dass du Hilfe annehmen darfst und musst.

Psychologisch betrachtet, ist die ständige Verantwortung für das Wohl eines anderen Menschen ein intensiver Stressor. Chronischer Stress kann zu emotionaler Erschöpfung, Depressionen und Burnout führen. Viele pflegende Angehörige erleben Schuldgefühle, wenn sie sich eine Pause nehmen, oder entwickeln das Gefühl, nie genug tun zu können. Doch Selbstfürsorge ist kein Luxus - sie ist eine Notwendigkeit. Es hilft, sich bewusst zu machen, dass du nicht allein bist und dass es vollkommen legitim ist, Unterstützung zu suchen, sei es durch professionelle Pflegekräfte, Selbsthilfegruppen oder Gespräche mit Freunden.

Die Pflege eines Menschen gleicht oft einer endlosen Reise durch ein unbekanntes Terrain. Manchmal fühlt es sich an, als würdest du durch einen dichten Wald gehen, in dem du kaum den nächsten Schritt erkennen kannst. Du weißt nicht, wie lange der Weg noch ist oder was hinter der nächsten Biegung auf dich wartet. Doch immer wieder gibt es Lichtungen - Momente der Nähe, ein Lächeln, eine kleine Geste der Dankbarkeit. Diese Lichtungen sind es, die dir Kraft geben, weiterzugehen.

Pflege ist wie das Tragen einer brennenden Kerze durch einen stürmischen Wind. Sie erfordert Schutz, Achtsamkeit und Geduld. Jeder Schritt will bedacht sein, jeder Moment der Unachtsamkeit könnte das Licht ersticken. Doch wenn du es schaffst, die Flamme zu bewahren, sie mit deinen Händen zu schützen, dann strahlt sie nicht nur für den Menschen, den du pflegst, sondern auch für dich selbst. Denn in diesem Licht liegt Wärme, liegt Sinn, liegt die Erinnerung daran, warum du diesen Weg gehst.

Doch während du gibst und sorgst, darfst du nicht vergessen, dass auch der Mensch, den du pflegst, ein eigenständiges Leben hatte und hat. Würde ist nicht etwas, das mit Krankheit oder Alter verloren geht. Der

Mensch, den du pflegst, bleibt ein fühlendes Wesen mit Gedanken, Erinnerungen und dem Wunsch nach Autonomie - auch wenn er auf deine Hilfe angewiesen ist. In jedem Handgriff, in jeder Geste, mit der du ihn behandelst, liegt die Möglichkeit, ihn in seiner ganzen Würde wahrzunehmen. Es ist nicht nur die Pflege, die zählt, sondern auch die Achtung vor der Person, die du umsorgst.

Manchmal erfordert es Mut, die Perspektive zu wechseln: Die Pflege ist nicht nur eine Last, sondern auch ein Privileg. Es bedeutet, einem Menschen in einer seiner verletzlichsten Phasen beizustehen, seine Geschichte zu ehren und mit ihm Momente zu teilen, die - so unscheinbar sie auch erscheinen mögen - von tiefer Bedeutung sind. Diese Verbindung, diese Nähe, ist etwas, das bleibt. Sie erinnert uns daran, dass das Leben nicht in der Leistung, sondern in der Begegnung, im Dasein füreinander seinen tiefsten Wert findet.

Vielleicht fühlst du dich manchmal unsichtbar in dieser Aufgabe. Doch die Liebe, die du gibst, hat eine Kraft, die über das Sichtbare hinausgeht. Sie hinterlässt Spuren - in dir, in dem Menschen, den du pflegst, und in der Welt um dich herum. Auch wenn es sich nicht immer so anfühlt, so ist jeder kleine Akt der Fürsorge ein Ausdruck von Menschlichkeit, ein Zeichen dafür, dass es in dieser oft kalten und rationalen Welt noch Wärme und Mitgefühl gibt.

Es wird Tage geben, an denen du an deine Grenzen kommst. Tage, an denen du zweifelst, ob du das weiterhin kannst. Das ist menschlich. Doch in diesen Momenten erinnere dich daran, warum du es tust. Nicht aus Pflichtgefühl, nicht, weil es von dir erwartet wird, sondern weil Liebe immer auch ein Tun ist. Und wenn du dich erschöpft fühlst, dann erlaube dir, Hilfe zu suchen. Sprich mit Menschen, die deine Situation verstehen, nimm Unterstützung in Anspruch, erkenne an, dass auch du Grenzen hast. Es ist kein Zeichen von Schwäche, sondern von Weisheit.

Die Pflege eines Angehörigen ist kein geradliniger Weg, sondern ein Pfad mit Höhen und Tiefen, mit Zeiten der Dankbarkeit und Zeiten des Zweifels. Doch am Ende zählt nicht, wie perfekt du warst oder wie viel du geleistet hast, sondern dass du da warst - mit deinem Herzen, mit deiner Liebe, mit deiner Präsenz. Und das ist mehr wert als alles andere.

Würde wohnt in jedem Leben,
in jedem Blick, in jedem Streben.
Kein Leid, kein Alter nimmt sie fort,
sie bleibt im Herzen, bleibt im Wort.

Nächstenliebe leuchtet leise,
nicht laut, nicht groß - auf sanfte Weise.
Ein Händedruck, ein Augenblick,
ein stilles Dasein - Stück für Stück.

Denn wer mit Liebe anderen dient,
der gibt, was bleibt, wenn alles flieht.
Ein Licht im Dunkel, stark und rein,
das zeigt: Wir sind nicht ganz allein.

39. Über Neid und Eifersucht

Neid und Eifersucht sind Gefühle, die sich tief in deine Gedanken bohren können. Sie kommen oft unerwartet, schleichen sich in deinen Alltag, ohne dass du sie eingeladen hast. Manchmal sind sie nur ein leiser Stich, ein schneller Moment des Unwohlseins. Ein anderes Mal sind sie allgegenwärtig, so drückend, dass du sie kaum ignorieren kannst. Vielleicht ertappst du dich dabei, wie du den Erfolg eines anderen betrachtest und ein leises Unbehagen in dir aufsteigt. Oder du fühlst, dass etwas, das du als dein Eigen betrachtest, in Gefahr ist, jemand anderem zu gehören.

Neid zeigt dir das, was du glaubst, nicht zu haben. Es ist ein Spiegel deiner unerfüllten Wünsche, ein Echo deiner Sehnsüchte. Er kann dich antreiben, dich herausfordern, dir neue Perspektiven aufzeigen - wenn du es zulässt. Doch oft lähmt er. Er raubt dir den Blick auf das, was du selbst bist und hast. Er lässt dich glauben, dass dein Wert von äußeren Maßstäben abhängt. Hast du dich jemals gefragt, ob du tatsächlich mehr brauchst, oder ob du nur glaubst, mehr haben zu müssen, weil du es bei anderen siehst?

Eifersucht hingegen ist eine Wächterin. Sie steht zwischen dir und dem, was du nicht verlieren willst. Sie flüstert dir ins Ohr, dass du aufpassen musst, dass jemand kommen könnte, um dir zu nehmen, was dir gehört. Sie macht dich misstrauisch, lässt dich zweifeln, bringt dich dazu, dich an etwas zu klammern, das vielleicht niemals wirklich dir gehört hat. Warum fürchten wir so sehr, dass uns etwas genommen wird? Vielleicht, weil wir tief in uns wissen, dass nichts wirklich unser Besitz ist. Dass Beziehungen, Anerkennung, Status keine festen, unveränderlichen Dinge sind, sondern immer in Bewegung, immer im Wandel.

Vielleicht ist Neid wie ein Schatten, der sich mit dir bewegt, je mehr du dich an die vermeintlichen Mängel deines eigenen Lebens klammerst. Je intensiver du nach dem strebst, was andere besitzen, desto größer wird dieser Schatten. Doch was wäre, wenn du dich umdrehst, dich der Sonne zuwendest und erkennst, dass der Schatten nur existiert, weil du dich auf ihn konzentrierst? Könnte es sein, dass Glück nicht dort liegt, wo du den Erfolg anderer betrachtest, sondern in dem, was du bereits in dir trägst?

Stell dir Eifersucht wie eine Hand vor, die Sand hält. Je fester du die Finger schließt, desto mehr rieselt durch die Ritzen, bis du fast nichts mehr übrig hast. Doch wenn du deine Hand öffnest, bleibt der Sand liegen. Liebe, Anerkennung, Erfolge - all das lässt sich nicht erzwingen. Wenn du festhältst, aus Angst, es zu verlieren, erstickst du es vielleicht genau dadurch.

Diese Gefühle sind uralt. Sie haben unsere Vorfahren begleitet, als das Überleben in Gemeinschaften davon abhing, Ressourcen zu sichern und den eigenen Platz zu verteidigen. Unser Gehirn ist darauf trainiert, den sozialen Vergleich zu nutzen, um unsere Position einzuschätzen. Doch die Welt hat sich verändert. Heute bedeutet Status oft Sichtbarkeit, Perfektion, eine inszenierte Realität. Wir messen unser Leben an Bildern, an Momentaufnahmen, die nichts über die Kämpfe und Unsicherheiten hinter den Kulissen erzählen. Kein Wunder, dass Neid und Eifersucht so tief greifen können.

Doch sie müssen dich nicht beherrschen. Sie können Wegweiser sein. Sie können dir zeigen, wo du wachsen möchtest, was du für wichtig hältst, welche Unsicherheiten du in dir trägst. Die Frage ist nicht, ob du diese Gefühle jemals ganz loswirst, sondern wie du mit ihnen umgehst. Hörst du auf sie, ohne dich von ihnen leiten zu lassen? Oder kämpfst du gegen sie, bis sie sich fest in dir verankern?

Was wäre, wenn du dich fragst: Was kann ich schaffen, das niemand sonst so schaffen kann? Was kann ich geben, das einzigartig aus mir heraus entsteht? Denn wahres Glück ist nicht, zu besitzen oder zu bewahren. Wahres Glück ist das Bewusstsein, dass du genug bist.

Ich sah ein Licht, es war so fern,
Ich wollte es, ich wollt' es gern.
Doch als ich rannte, lief es fort,
Ein ferner, unerreichter Ort.

Ich hielt nicht an, ich suchte mehr,
Mein Herz blieb leer, mein Blick blieb schwer.
Bis ich begriff: Es war in mir,
Und niemals lag es dort, bei dir.

40. Die vielen Gesichter der Scham

Scham ist wie ein unsichtbarer Schatten, der sich leise anschleicht und dich fest im Griff hält, noch bevor du verstehst, was geschieht. Sie ist nicht nur ein Gefühl - sie ist eine körperliche, emotionale und seelische Erfahrung, die dich durchflutet, dich zusammenzucken lässt, dich lähmt. Sie sagt dir nicht einfach, dass du etwas falsch gemacht hast. Sie flüstert dir ein, dass mit dir selbst etwas nicht stimmt. Dass du nicht genug bist. Dass du nicht dazugehören kannst.

Manche Gefühle sind laut, sie drängen nach außen, fordern Aufmerksamkeit. Wut zum Beispiel - sie kann explodieren, sich zeigen, sich Raum nehmen. Scham hingegen zieht sich zurück. Sie macht dich klein, zwingt dich in den Schatten, treibt dich in die Isolation. Sie lebt davon, dass du schweigst, dass du dich versteckst, dass du ihre Existenz verheimlichst. Doch genau das verstärkt sie.

Scham zeigt sich auf unterschiedliche Weise. Sie kann seelisch sein, wenn du dich für deine Gedanken, deine Gefühle oder dein Wesen an sich schämst. Sie kann sozial sein, wenn sie dich spüren lässt, dass du nicht in das Raster passt, das andere für dich vorgesehen haben. Und sie kann körperlich sein, wenn du das Gefühl hast, dass dein Körper nicht den Erwartungen entspricht, dass er nicht richtig ist, nicht schön genug, nicht stark genug.

Scham ist die unmittelbare Reaktion auf Bloßstellung, Erniedrigung oder Entehrung. Sie trifft dich in einem Moment der Schwäche, in einer Situation, in der du dich schutzlos fühlst. Vielleicht, weil jemand dich verspottet hat. Vielleicht, weil du einen Fehler gemacht hast, der plötzlich alle Blicke auf dich zieht. Vielleicht, weil du dich selbst in einer Weise siehst, die dir nicht gefällt.

Tief in uns steckt das Bedürfnis, dazuzugehören. Wir sind soziale Wesen - unser Überleben hing lange davon ab, in einer Gruppe akzeptiert zu sein. Wer ausgeschlossen wurde, war schutzlos. Die Angst vor dem Ausschluss, vor der Ablehnung, steckt noch immer in uns. Scham ist ein Überbleibsel dieses uralten Mechanismus.

Doch in unserer heutigen Welt bedeutet nicht jede Bloßstellung eine echte Gefahr. Unser Verstand weiß das oft - aber unser Körper reagiert trotzdem, als wäre unser Überleben bedroht. Das Herz schlägt schneller, die Haut wird heiß, die Gedanken rasen. Alles in uns schreit danach, uns zu verkriechen, uns unsichtbar zu machen.

Scham ist ein Täuscher. Sie lässt dich glauben, dass du allein bist mit diesem Gefühl. Sie sagt dir, dass du anders bist als die anderen - nicht gut genug, nicht liebenswert genug, nicht wertvoll genug. Doch das ist eine Lüge. Jeder Mensch kennt Scham. Sie ist universell. Und gerade weil sie so oft im Verborgenen bleibt, glauben wir fälschlicherweise, dass wir die Einzigen sind, die so fühlen.

Die Wahrheit ist: Scham braucht Dunkelheit, um zu überleben. Sie wächst in der Stille, in der Isolation, in dem Gedanken: „Wenn jemand wüsste, wie ich wirklich bin, würde er mich nicht mehr akzeptieren." Doch sobald du dieses Gefühl teilst, sobald du es in Worte fasst, verliert es an Kraft.

Das Problem ist, dass Scham uns genau das Gegenteil einflüstert. Sie macht es schwer, darüber zu sprechen. Sie sagt uns, dass wir uns zurückziehen sollten, anstatt uns mitzuteilen. Doch genau da liegt der Schlüssel: Die Befreiung beginnt, wenn du aufhörst, Scham für dich zu behalten.

Besonders tief sitzt Scham, wenn sie früh gelernt wurde. Vielleicht hast du als Kind oft das Gefühl gehabt, nicht genug zu sein. Vielleicht wurdest du ausgelacht, zurückgewiesen, nicht ernst genommen. Vielleicht hast du gelernt, dass deine Gefühle unerwünscht sind, dass du dich anpassen musst, um geliebt zu werden.

Diese frühen Erfahrungen hinterlassen Spuren. Sie schreiben sich ein in unser Selbstbild, in unsere Erwartungen an uns selbst, in unsere Ängste. Als Erwachsener begegnest du dann vielleicht Situationen, die alte Muster triggern. Vielleicht hältst du dich zurück, weil du Angst hast, nicht gut genug zu sein. Vielleicht vermeidest du es, dich zu zeigen, weil eine leise Stimme in dir sagt: „Wenn sie wirklich wissen, wer ich bin, werde ich nicht mehr dazugehören." Aber Scham ist nicht die Wahrheit. Sie ist nicht wer du bist. Sie ist ein erlerntes Gefühl, und genau deshalb ist sie veränderbar.

Es gibt etwas Wichtiges zu verstehen: Scham ist nicht in Stein gemeißelt. Sie ist ein Produkt der Kultur, der Gesellschaft, der Umgebung, in der du aufgewachsen bist. Beschämung trifft immer das, was eine Gesellschaft als „niedrig" ansieht - und das bedeutet, dass sie nicht universell ist. Was dich heute beschämt, könnte in einer anderen Kultur oder zu einer anderen Zeit völlig unwichtig sein.

Wenn Scham also nicht objektiv ist, warum dann ihr Urteil über dich als absolute Wahrheit akzeptieren? Warum ihr Glauben schenken?

Stell dir vor, du trägst einen schweren Rucksack. Er ist gefüllt mit alten Schamgefühlen, mit Erinnerungen, die du längst hättest loslassen können. Jeder dieser Steine steht für eine Situation, in der du dich klein, unwürdig oder bloßgestellt gefühlt hast. Doch was wäre, wenn du ihn nach und nach leeren könntest? Was wäre, wenn du jeden dieser Steine ansiehst, erkennst, dass er nicht mehr zu dir gehört, und ihn dann beiseitelegst? Das braucht Zeit. Scham verschwindet nicht über Nacht. Aber du kannst lernen, sie zu hinterfragen. Du kannst dich fragen: Ist das wirklich wahr? Ist das wirklich mein eigenes Urteil über mich - oder ist es etwas, das ich irgendwann übernommen habe?

Scham will dich in der Vergangenheit festhalten, aber du hast die Möglichkeit, sie loszulassen. Du kannst neu entscheiden, wer du bist und wie du dich selbst siehst.

Stell dir vor, du stehst auf einer Bühne. Früher hast du vielleicht gedacht, dass alle nur darauf warten, deine Fehler zu entdecken, dich zu verurteilen, dich auszulachen. Aber was wäre, wenn du diesen Blickwinkel veränderst? Was wäre, wenn du stattdessen erkennst, dass die anderen selbst mit Unsicherheiten kämpfen? Dass sie nicht deine Richter sind, sondern Menschen mit eigenen Ängsten, mit eigenen Schamgefühlen?

Scham will dich glauben lassen, dass du nicht genug bist. Aber du warst immer genug. Genau so, wie du bist.

41. Das Wesen des Grübelns

Stell dir vor, dein Geist ist wie ein Schiff auf dem offenen Meer. Die Wellen des Lebens schlagen gegen den Rumpf, mal sanft, mal heftig. Doch anstatt zu steuern, sitzt du oft im Maschinenraum und versuchst, jedes Geräusch zu analysieren, jede Schraube nachzuziehen, jede mögliche Gefahr vorauszuberechnen. Währenddessen treibt das Schiff ziellos umher. Das ist das Wesen des Grübelns und der Sorgen: der Versuch, die Vergangenheit zu reparieren oder die Zukunft zu kontrollieren, während die Gegenwart ungelebt an dir vorbeizieht.

Vielleicht kennst du das: Du liegst nachts wach, während Gedanken in deinem Kopf kreisen wie Möwen über einem Fischerboot. Du überlegst, was du hättest anders machen sollen, analysierst jedes Wort eines vergangenen Gesprächs oder bereitest dich auf ein imaginäres Desaster vor. Diese Gedanken fühlen sich dringend und wichtig an, als würde das Nachdenken darüber dich auf eine Lösung bringen oder dich vor Schmerzen bewahren. Doch meist geschieht das Gegenteil: Je mehr du dich in diesen Gedanken verstrickst, desto weniger Klarheit hast du. Dein Geist wird müder, dein Körper angespannter, und doch gibt es keinen Abschluss, kein endgültiges Ankommen.

Grübeln ist ein Sog. Ein Strudel, der dich tiefer zieht, während du nach Antworten suchst, die es vielleicht gar nicht gibt. Sorgen sind wie Schatten: Sie verändern sich mit dem Licht, aber verschwinden nie ganz. Sie lassen dich Szenarien durchspielen, die in der Zukunft liegen, aber deine Gegenwart vergiften. Und doch halten wir oft daran fest, weil es sich anfühlt, als würden wir durch unser Nachdenken Kontrolle über unser Leben gewinnen. Aber ist das wirklich so?

Denken kann hilfreich sein, wenn es um konkrete Lösungen geht. Wenn du ein Problem analysierst, um eine Entscheidung zu treffen, dann ist das produktives Nachdenken. Doch Grübeln ist etwas anderes. Es ist wie eine Nadel, die immer wieder in dieselbe Kerbe der Schallplatte fällt. Es bringt keine neuen Erkenntnisse, sondern hält dich in einem Kreislauf fest.

Ein hilfreicher Gedanke kann sein: Was wäre, wenn du die Kontrolle loslässt? Nicht auf eine nachlässige Weise, sondern in dem Sinne, dass du akzeptierst, dass nicht alles im Leben vorhersehbar oder planbar ist. Was wäre, wenn du dein Schiff aktiv steuerst, anstatt dich in den Details des Maschinenraums zu verlieren? Was würde passieren, wenn du dich auf den Moment einlässt, anstatt entweder in die Vergangenheit oder in die Zukunft zu driften?

Vielleicht bemerkst du, dass es schwerfällt, einfach loszulassen. Dass dein Geist sich wehrt, dass er argumentiert: „Aber wenn ich nicht darüber nachdenke, passiert etwas Schlimmes! Ich muss vorbereitet sein!" Doch frage dich: Wie oft haben dich deine Sorgen wirklich auf etwas vorbereitet? Wie oft hat dich das Grübeln wirklich vor einem Fehler bewahrt? Und selbst wenn es das einmal getan hat - war der Preis nicht oft zu hoch, weil du in der Zwischenzeit nicht wirklich gelebt hast?

Es gibt Wege, diesen Kreislauf zu durchbrechen. Einer davon ist, bewusst innezuhalten, wenn du merkst, dass du wieder in ein Gedankenkarussell gerätst. Stell dir vor, du beobachtest deine Gedanken von außen, wie Wolken am Himmel. Sie kommen und gehen, aber du bist nicht deine Gedanken. Du bist der Himmel. Eine andere Möglichkeit ist, dich ganz bewusst mit deinem Körper zu verbinden: Atme tief ein, spüre deine Füße auf dem Boden, konzentriere dich auf die Geräusche um dich herum. Das bringt dich zurück in den gegenwärtigen Moment.

Es ist nicht leicht, jahrzehntelange Gewohnheiten zu durchbrechen. Doch es ist möglich. Und es beginnt mit der Erkenntnis, dass du mehr bist als deine Sorgen. Dass dein Leben zu wertvoll ist, um es mit endlosen Gedankenschleifen zu verbringen. Dass das Meer groß ist und das Schiff stark - und dass du am Steuer stehst, wenn du dich dafür entscheidest.

Die Wellen tosen, hoch und weit,
du suchst nach Halt, suchst Sicherheit.
Vergangnes ruft, die Zukunft drängt,
ein Geist, der rastlos Fäden fängt.

Du kämpfst mit Schatten, tauchst hinein,
doch Sorgen bleiben nie allein.
Sie füllen Räume, rauben Licht,
versprechen Klarheit - halten's nicht.

Nicht jedes Rauschen braucht Gehör,
nicht jeder Sturm führt dich ins Meer.
Die Wellen kommen, gehen fort -
du bist das Schiff. Du wählst den Ort.

42. Verzeihung

Ich möchte dich zu einem weiteren Experiment einladen: Stell dir bitte vor, du stehst an einem ruhigen See, und das Wasser liegt glatt und unberührt vor dir. Es spiegelt die Welt um dich herum wider, zeigt dir ein klares Bild von dem, was ist. Doch dann fällt ein Stein ins Wasser. Wellen breiten sich aus, verzerren die Reflexion und lassen die Oberfläche in Bewegung geraten. Vielleicht erinnerst du dich an eine Situation, in der du selbst etwas gesagt oder getan hast, das das Gleichgewicht in einer Beziehung gestört hat.

Vielleicht hast du jemanden verletzt, ohne es zu wollen. Vielleicht wurde eine Grenze überschritten oder eine Erwartung enttäuscht. Wie fühlt es sich für dich an, wenn du erkennst, dass deine Worte oder Taten eine Wirkung hatten, die du nicht beabsichtigt hast? Vielleicht bemerkst du, dass du darüber nachdenkst, wie du darauf reagieren kannst.

Eine Bitte um Verzeihung kann ein Weg sein, um wieder Klarheit zu schaffen. Doch was macht eine Bitte um Verzeihung aus? Ist es genug, einfach „Es tut mir leid" zu sagen? Oder gibt es mehr zu bedenken? Vielleicht möchtest du dir die Zeit nehmen, den Schmerz des anderen zu verstehen und zu überlegen, welche Rolle du in der Situation gespielt hast.

Manchmal scheint es leicht, um Verzeihung zu bitten, aber reicht das wirklich aus, wenn keine Einsicht dahintersteht? Vielleicht hast du schon erlebt, dass Bitten um Verzeihung nicht ernst gemeint waren - oder dass Worte alleine nichts verändert haben. Was bedeutet es für dich, Verantwortung für dein eigenes Verhalten zu übernehmen, ohne dich dabei selbst zu verurteilen?

Vielleicht hilft es, sich die eigene Bitte um Verzeihung einmal laut zu sagen oder sie aufzuschreiben, bevor du sie mit der betroffenen Person teilst. Wie fühlt es sich an, wenn du deine eigenen Worte hörst oder liest? Spiegelt sich darin dein aufrichtiges Verständnis für die Situation wider?

Es kann auch spannend sein, sich zu fragen, wie man selbst auf eine Bitte um Verzeihung reagiert. Ist es immer leicht, sie anzunehmen? Oder braucht es Zeit, um wieder Vertrauen zu fassen? Vielleicht kennst du das Gefühl, dass eine Bitte um Verzeihung den Schmerz erst richtig bewusst macht. Was bedeutet es für dich, wenn jemand auf dich zukommt und sagt, dass es ihm leid tut?

Wenn du darüber nachdenkst, erkennst du vielleicht, dass eine Bitte um Verzeihung keine einfache Formel hat. Sie ist mehr als nur Worte - sie spiegelt dein Verständnis, deine Empathie und deine Bereitschaft, aus Erfahrungen zu lernen. Vielleicht magst du dich das nächste Mal, wenn du in einer solchen Situation bist, fragen: Was möchte ich wirklich ausdrücken? Und was brauche ich, um ehrlich und aufrichtig zu sein?

Manchmal braucht es Zeit, bis sich die Wellen wieder glätten. Und vielleicht liegt darin eine Einladung, sich selbst und andere mit mehr Geduld und Mitgefühl zu betrachten.

Doch was geschieht, wenn Verzeihung nicht sofort

gewährt wird? Vielleicht hast du es selbst erlebt, dass jemand deine Worte zwar gehört, aber nicht sofort darauf reagiert hat. Ist es möglich, dass manche Wunden Zeit brauchen, um zu heilen? Vielleicht kannst du darüber nachdenken, ob eine Bitte um Verzeihung auch dann wertvoll ist, wenn sie nicht unmittelbar angenommen wird.

Wie fühlt es sich für dich an, wenn du um Verzeihung bittest, aber keine direkte Antwort bekommst? Entsteht Unsicherheit, oder kannst du darauf vertrauen, dass der andere seinen eigenen Weg braucht, um mit der Situation umzugehen? Vielleicht erfordert es Mut, die eigene Bitte stehen zu lassen, ohne auf eine sofortige Reaktion zu drängen.

Und schließlich: Gibt es Dinge, die du dir selbst verzeihen möchtest? Vielleicht fällt es dir leichter, anderen Verzeihung zu gewähren als dir selbst. Doch was würde es für dich bedeuten, dir selbst mit der gleichen Nachsicht zu begegnen, die du anderen schenkst? Vielleicht ist das der erste Schritt, um wirklich zu verstehen, wie wertvoll eine aufrichtige Bitte um Verzeihung sein kann.

Aber was, wenn du selbst darauf wartest, dass jemand dich um Verzeihung bittet? Vielleicht trägst du eine Verletzung mit dir herum, die durch Worte oder Taten eines anderen entstanden ist, und hoffst auf eine Geste der Einsicht und Reue. Wie fühlt es sich an, in dieser Warteposition zu sein? Vielleicht ist es frustrierend oder schmerzhaft, weil du das Bedürfnis nach Anerkennung deiner Verletzung verspürst. Doch die Frage, die sich stellt: Brauchst du eine ausgesprochene Bitte um

Verzeihung, um mit dem Geschehenen Frieden zu schließen? Vielleicht hilft es, zu überlegen, wie viel Macht du der ausbleibenden Bitte um Verzeihung über dein eigenes Wohlbefinden geben möchtest. Ist es möglich, dass du unabhängig davon für dich einen Weg findest, mit der Situation umzugehen? Verzeihung muss nicht immer ausgesprochen werden, um heilsam zu sein - manchmal kann sie auch aus der eigenen Entscheidung erwachsen, nicht länger an einer Verletzung festzuhalten. Was würde es für dich bedeuten, den Schmerz nicht loszulassen, sondern ihn sanft in etwas zu verwandeln, das dich nicht mehr bestimmt?

Am Ende bleibt die Erkenntnis, dass Verzeihung ein Prozess ist - ein Dialog zwischen dir und deinem Gegenüber, aber auch zwischen dir und dir selbst. Sie kann nicht erzwungen, sondern nur angeboten werden. Vielleicht ist sie nicht immer sofort möglich, doch sie öffnet eine Tür für Heilung und Verständnis. Und so wie sich das Wasser des Sees nach einer Weile wieder glättet, kann auch eine ehrliche Bitte um Verzeihung dazu beitragen, das Gleichgewicht in einer Beziehung wiederherzustellen - oder zumindest den ersten Schritt in diese Richtung zu machen.

43. Leben mit Krankheit

Das Leben nimmt oft einen anderen Verlauf als erwartet. Vielleicht hattest du Pläne für die Zukunft, Ideen, Hoffnungen, Ziele. Dann kommt dieser Moment, in dem ein Arzt dir in ruhigem Ton eine Nachricht überbringt, die alles verändert. Eine Diagnose, die dir klarmacht, dass dein Körper nicht mehr funktioniert, wie du es gewohnt warst. Eine Erkrankung, die dich nicht mehr loslassen wird.

Zunächst ist da dieser Augenblick des Unfassbaren. Dein Herz schlägt weiter, die Welt um dich herum dreht sich, doch innerlich bist du wie erstarrt. Vielleicht hoffst du, dass es ein Irrtum ist. Vielleicht suchst du verzweifelt nach einer Lösung, nach einem Ausweg, nach irgendetwas, das die Worte des Arztes bedeutungslos macht.

Mit der Zeit sickert die Wahrheit durch. Deine Gedanken kreisen um das, was kommt. Wirst du Schmerzen haben? Wirst du eingeschränkt sein? Wirst du anderen zur Last fallen?

Es gibt viele Sätze, die du jetzt hören wirst. Manche sprechen von Kämpfen, von Mut, von Durchhalten. Doch Krankheit ist kein Kampf, den du einfach gewinnen kannst. Sie ist ein Begleiter, einer, den du dir nicht ausgesucht hast, aber mit dem du nun leben musst. Vielleicht kannst du ihn nicht vertreiben, doch du kannst entscheiden, wie viel Raum er in deinem Leben bekommt.

Du kannst wütend sein. Es ist verständlich, wenn du es

bist. Dein Körper hat sich verändert, ohne dass du es wolltest. Dein Alltag wird anders, deine Möglichkeiten ebenfalls. Niemand hat dich gefragt, ob du dazu bereit bist. Doch so schwer es auch fällt, irgendwann kommt der Punkt, an dem du entscheiden musst, wie du weiterlebst.

Vielleicht stellst du fest, dass du mit deinem Körper nicht mehr im Einklang bist. Du fühlst dich fremd in ihm, als wäre er nicht mehr dein Zuhause. Aber er ist das Einzige, das du hast. Vielleicht braucht er gerade jetzt nicht deine Wut, sondern dein Mitgefühl.

Es gibt Tage, an denen du es akzeptieren kannst. An anderen sträubt sich alles in dir dagegen. Das ist in Ordnung. Du musst nicht immer stark sein.

Auch die Menschen um dich herum wissen oft nicht, wie sie mit der Situation umgehen sollen. Einige werden sich distanzieren, andere reden über das, was du brauchst, ohne dich zu fragen. Doch es wird auch jene geben, die einfach da sind, ohne viele Worte.

Es ist möglich, dass du deine Sicht auf das Leben veränderst. Dass du Dinge anders bewertest als früher. Vielleicht siehst du plötzlich, was du immer aufgeschoben hast. Vielleicht ist jetzt der Moment, etwas zu tun, das du lange vor dir hergeschoben hast.

Es gibt kein Richtig oder Falsch im Umgang mit Krankheit. Du wirst deinen eigenen Weg finden. Es ist dein Leben, und solange es andauert, kannst du ihm Bedeutung geben.

Ein Baum, der von einem Sturm getroffen wird, verliert Zweige, vielleicht sogar ganze Äste. Doch seine Wurzeln bleiben tief in der Erde. Und solange er steht, wächst er weiter.

Es gibt Tage, an denen du aufwachst und dich fragst, ob das alles nur ein schlechter Traum war. Dann wird dir bewusst, dass es Realität ist. Dein Körper fühlt sich schwer an, dein Geist ist müde. Vielleicht hoffst du, dass der nächste Morgen anders wird, dass du aufwachst und plötzlich alles wie früher ist. Doch das Leben geht nicht rückwärts, es geht immer weiter.

Manchmal erscheint das ungerecht. Menschen, die nicht auf ihre Gesundheit achten, bleiben verschont, während du alles getan hast, um gut zu leben, und trotzdem getroffen wurdest. Solche Gedanken sind verständlich. Sie gehören zu dem Prozess, den du durchläufst. Aber am Ende führen sie in eine Sackgasse.

Vielleicht kommt der Moment, in dem du beginnst, deine Geschichte anders zu betrachten. Nicht als eine Erzählung über Verlust, sondern als eine über Veränderung. Es wird Dinge geben, die du nicht mehr tun kannst, aber es wird auch neue Möglichkeiten geben, die du vielleicht vorher nie in Betracht gezogen hast. Deine Grenzen verschieben sich, und mit ihnen verändert sich dein Blick auf die Welt.

Das Leben ist nicht nur in der Zukunft. Es ist nicht erst dann lebenswert, wenn alle Probleme gelöst sind. Es findet jetzt statt, in diesem Moment, in jedem Atemzug, in jedem Gedanken. Du bist mehr als deine Krankheit. Du bist ein Mensch mit Erinnerungen, Gefühlen,

Beziehungen. Mit all dem, was du bereits warst, und mit all dem, was du noch sein kannst.

Wenn du dich an einen Ort denkst, an dem du glücklich warst, dann weißt du, dass dieses Gefühl in dir existiert. Es gehört zu dir. Und wenn es einmal da war, kann es wiederkommen. Vielleicht nicht auf die gleiche Weise. Vielleicht anders, vielleicht leiser, vielleicht in neuen Formen. Aber es kann da sein.

Erwarte nicht, dass du jeden Tag voller Kraft bist. Niemand ist das. Erwarte nicht, dass du immer Hoffnung spürst. Es wird Tage geben, an denen du nichts Gutes sehen kannst, und das ist in Ordnung. Aber wisse, dass nach solchen Tagen andere kommen. Und dass auch kleine Momente voller Schönheit sein können. Ein Sonnenstrahl, der dein Gesicht wärmt. Ein Lächeln von jemandem, der dich versteht.

Du musst nichts beweisen. Du musst nicht immer positiv sein. Dein Wert hängt nicht davon ab, wie gut du mit deiner Krankheit umgehst. Dein Wert liegt in dem, was du bist. Und das ist genug.

Ich stehe am Rand der Nacht,
blicke hinaus in das Unbekannte.
Der Boden unter mir bröckelt,
doch die Sterne bleiben stehen.

Ich suche nach dem, was war,
finde nur Schatten und Stille.
Doch wenn ich lausche, höre ich
mein eigenes Herz noch schlagen.

Der Wind spricht leise zu mir,
erzählt von Zeiten, die noch kommen.
Ich falle nicht, ich werde getragen,
und irgendwo wartet ein neuer Morgen.

44. Leben nach eigenen Regeln

Überall hört man es: Tu dies! Tu das! Das gehört sich nicht! Das macht man nicht!

Und wer hat das eigentlich entschieden? Wer legt fest, wie man sein Leben zu führen hat? Eltern, Lehrer, Kollegen oder einfach eine Gesellschaft, die sich auf unausgesprochene Regeln geeinigt hat? Regeln, die selten hinterfragt werden, weil sie sich über Generationen eingebrannt haben.

Von klein auf lernst du, was als richtig und was als falsch gilt. Sei höflich. Sei fleißig. Pass dich an. Mach, was von dir erwartet wird. Stell dein Licht nicht zu sehr in den Vordergrund, aber sei auch nicht unsichtbar. Sei erfolgreich, aber nicht auf eine Weise, die andere verunsichert. Sei unabhängig, aber nicht so sehr, dass es unbequem wird.

Es ist ein Balanceakt. Ein permanentes Abwägen zwischen dem, was du selbst willst, und dem, was andere für richtig halten. Viele Menschen merken gar nicht, wie sehr sie sich den Erwartungen beugen - bis zu dem Moment, in dem sich eine leise Unzufriedenheit einschleicht. Eine Unruhe, die schwer zu greifen ist, aber immer lauter wird.

Oft liegt der Grund dafür tiefer, in dem, was Psychologen als innere Antreiber bezeichnen. Sie sind es, die dich unbewusst leiten. Sie treiben dich an, bringen dich dazu, bestimmte Dinge immer wieder zu tun, auch wenn sie dich eigentlich belasten. Manche Menschen fühlen sich nur wertvoll, wenn sie alles perfekt machen. Sie haben das Gefühl, dass ein Fehler ihren gesamten Wert infrage stellt. Andere wollen es allen recht machen, aus Angst, sonst nicht mehr geliebt zu werden. Manche sind davon überzeugt, dass sie sich alles im Leben hart erkämpfen müssen, dass nichts leicht sein darf, weil es sonst nicht zählt. Wieder andere halten es für Schwäche, Hilfe anzunehmen oder Gefühle zu zeigen, also unterdrücken sie alles, was sie verletzlich macht. Und dann gibt es die, die ständig unter Zeitdruck stehen, weil sie das Gefühl haben, dass sie nie genug tun, nie schnell genug sein können.

Diese Antreiber haben alle einen Ursprung. Sie entstehen oft schon in der Kindheit, durch Sätze wie „Streng dich mehr an!", „Mach das ordentlich!", „Sei stark!", „Beeil dich!" oder „Sei nicht so egoistisch!". Sie sind in unserer Erziehung verankert, in unserer Kultur, in den Erwartungen, die an uns gestellt werden. Sie haben ihren Nutzen - sie machen uns leistungsfähig, verlässlich, stark. Aber sie können uns auch erdrücken.

Denn was passiert, wenn du immer perfekt sein willst? Wenn du dich immer anstrengst, aber nie das Gefühl hast, dass es reicht? Was geschieht, wenn du dich ständig um andere kümmerst und dabei selbst zu kurz kommst? Wenn du denkst, dass du alles allein schaffen musst, weil du keine Schwäche zeigen darfst? Oder wenn du immer in Eile bist, weil du glaubst, dass du keine Zeit zu verlieren hast?

Ein erfülltes Leben entsteht nicht dadurch, dass du diesen Mustern blind folgst. Es entsteht, wenn du erkennst, dass du eine Wahl hast. Wenn du begreifst, dass du nicht perfekt sein musst, um wertvoll zu sein.

Dass du nicht jedem gefallen musst, um geliebt zu werden. Dass Erfolg nicht immer an Härte gekoppelt sein muss. Dass wahre Stärke oft darin liegt, sich zu öffnen. Und dass du Zeit hast - mehr, als du vielleicht glaubst.

Ja, es wird Menschen geben, die das nicht verstehen. Die dich kritisieren oder dir vorwerfen, dass du dich veränderst. Doch wahre Veränderung bedeutet nicht, dass du dich abwendest oder andere verletzt. Es bedeutet, dass du ehrlich zu dir selbst bist und gleichzeitig empathisch bleibst. Dass du dich selbst wichtig nimmst, ohne dabei rücksichtslos zu sein.

Es geht nicht darum, egoistisch durch das Leben zu rennen und keine Rücksicht mehr zu nehmen. Es geht darum, sich selbst mit der gleichen Achtung und Fürsorge zu behandeln, die man auch anderen entgegenbringt. Denn wer gut für sich selbst sorgt, hat auch mehr Kraft, für andere da zu sein. Wer sich selbst mit Respekt behandelt, begegnet auch anderen mit mehr Respekt. Wer seinen eigenen Weg geht, inspiriert andere, dasselbe zu tun. Leben bedeutet nicht, eine Liste von Erwartungen an dich abzuarbeiten. Leben bedeutet, bewusst zu entscheiden, was für dich persönlich richtig ist. Und genau das ist die eigentliche Freiheit: Nicht gegen andere, sondern für dich selbst zu leben.

Ich frage mich wie es wäre, wenn du aufhören würdest, dich in ein Leben zu zwängen, das nicht deins ist. Wenn du deinen eigenen Wert erkennen würdest, unabhängig von Erwartungen, Perfektion oder Zustimmung. Und dann deinen Weg gehen könntest - mit Klarheit, mit Mut und mit einem offenen Herzen.

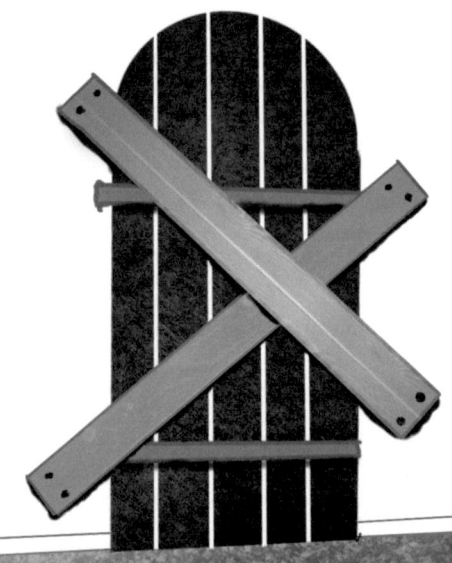

45. Verborgene Türen

Du kennst sicher das Gefühl, wenn etwas nicht so läuft, wie du es dir vorgestellt hast. Ein Plan geht nicht auf, eine Entscheidung führt nicht zum erhofften Ergebnis oder eine Gelegenheit bleibt ungenutzt. Diese Momente können enttäuschend sein, doch sie tragen eine wertvolle Botschaft in sich: Sie zeigen dir, wo du ansetzen kannst, um weiterzukommen. Scheitern ist unangenehm. Es kratzt am Selbstbild, fühlt sich wie ein Rückschlag an und hinterlässt eine Mischung aus Enttäuschung und Unsicherheit. Doch was, wenn diese Momente mehr sind als bloße Hindernisse? Was, wenn sie dir den Weg weisen? Wenn Fehler kein Endpunkt wären, sondern ein wertvoller Kompass? Sie zeigen nicht nur, was nicht funktioniert hat, sondern auch, wo sich neue Möglichkeiten auftun. Sie sind Rückmeldungen des Lebens, die dich in eine Richtung lenken, die du ohne sie vielleicht gar nicht erkannt hättest.

Die zentrale Frage, die du dir stellen kannst, lautet: "Wofür ist das eine Gelegenheit?" Jeder Fehler, jedes Scheitern birgt eine verborgene Chance. Vielleicht ist es eine Gelegenheit, innezuhalten und über deine Prioritäten nachzudenken. Vielleicht ist es die Chance, deine Fähigkeiten zu erweitern, neue Herangehensweisen auszuprobieren oder den Mut zu entwickeln, dich auf einen anderen Weg einzulassen. Wenn du dich auf diese Perspektive einlässt, wird aus jedem Rückschlag ein potenzieller Wendepunkt. Du beginnst, Fehler nicht als Sackgassen zu sehen, sondern als Abzweigungen, die dich auf eine neue Spur führen können.

Es gibt unzählige Beispiele von Menschen, die aus ihrem Scheitern herausgewachsen sind. Nicht, weil sie glücklicher oder talentierter waren als andere, sondern weil sie die richtigen Schlüsse aus ihren Erfahrungen gezogen haben. Sie haben erkannt, dass jede vermeintliche Niederlage ihnen etwas über sich selbst, über ihre Methoden oder über ihre Umgebung lehrt. Sie haben nicht resigniert, sondern sich neu ausgerichtet. Ein Rückschlag kann der entscheidende Impuls sein, um bisher unentdeckte Möglichkeiten zu erkennen und zu nutzen.

Wie wäre es, wenn du deine Fehler nicht als Zeichen des Versagens betrachten würdest, sondern als eine Quelle von Wissen? Wie würde das deine Haltung verändern? Würdest du es wagen, mehr zu experimentieren? Würdest du Herausforderungen anders begegnen? Jeder Fehlschlag trägt eine Lektion in sich, und wer bereit ist, genau hinzusehen, kann aus ihnen wertvolle Erkenntnisse gewinnen.

Unsere Gesellschaft neigt dazu, Erfolge in den Vordergrund zu stellen, doch selten wird über die Hürden gesprochen, die auf dem Weg dorthin lagen. Wir feiern das Ergebnis, aber nicht den Prozess. Dabei sind es gerade die Umwege, die zu wertvollen Erkenntnissen führen. Ein Kind, das laufen lernt, bleibt nicht nach dem ersten Sturz liegen. Es steht wieder auf, versucht es erneut, verändert seine Haltung, passt sich an. Dieser instinktive Prozess hört nie auf - es sei denn, wir lassen uns von der Angst vor dem Scheitern aufhalten.

Denk an einen Moment in deinem Leben, in dem du einen Fehler gemacht hast. Vielleicht fühlte es sich damals wie eine Sackgasse an. Doch wenn du heute zurückblickst, siehst du dann auch, welchen Einfluss diese Erfahrung auf deinen weiteren Weg hatte? War es nicht vielleicht genau diese Situation, die dich zu einer besseren Entscheidung oder einem neuen Ansatz geführt hat? Wenn du das nächste Mal scheiterst, frage dich nicht: "Warum ist mir das passiert?", sondern: "Wofür ist das eine Gelegenheit?" Dieser Perspektivwechsel kann den Unterschied ausmachen zwischen Resignation und Wachstum.

Fehler sind keine Stolpersteine, die dich aufhalten. Sie sind Markierungen auf deinem Weg, die dir zeigen, wo du neu ansetzen kannst. Sie sind ein Kompass, der dich daran erinnert, dass Wachstum nicht in Perfektion, sondern in Anpassung und Weiterentwicklung liegt. Wenn du das nächste Mal stolperst, halte einen Moment inne. Statt dich zu ärgern oder dich selbst zu verurteilen, frage dich: "Welche Tür öffnet sich gerade für mich, die ich vorher nicht gesehen habe?" Denn genau das ist der Unterschied zwischen denen, die stehen bleiben, und denen, die sich weiterentwickeln.

46. Die Kunst, ohne Grund glücklich zu sein

Glück ist etwas, das du vielleicht suchst, oft jedoch an den falschen Orten. Du setzt es vielleicht gleich mit Erfolg, mit Reichtum oder mit der Erreichung bestimmter Ziele. Doch wahres Glück ist nicht an Bedingungen geknüpft. Es kann grundlos existieren, wenn du lernst, es in deinem Inneren zu kultivieren.

Die Kunst, grundlos glücklich zu sein, beginnt mit einer bewussten Entscheidung: nicht auf das zu schauen, was fehlt, sondern auf das, was bereits da ist. Hast du heute schon einmal bewusst darüber nachgedacht, wofür du dankbar bist? Vielleicht fällt es dir schwer, doch mit etwas Übung wird es leichter. Dankbarkeit ist dabei ein wesentlicher Schlüssel. Wenn du dir täglich bewusst machst, wofür du dankbar sein kannst, trainierst du deinen Geist darauf, Fülle statt Mangel zu sehen. Das bedeutet nicht, dass du Probleme ignorieren sollst, sondern dass du lernst, den Fokus auf das Positive zu lenken. Studien aus der Glücksforschung zeigen, dass Dankbarkeit nicht nur das subjektive Wohlbefinden steigert, sondern auch langfristig die psychische Gesundheit verbessert. Also, warum nicht gleich heute damit beginnen?

Ein weiterer Schritt auf diesem Weg ist die bewusste Entscheidung, im Hier und Jetzt zu leben. Wie oft hast du dich in Gedanken bei Sorgen um die Zukunft oder Bedauern über die Vergangenheit erwischt? Doch das Leben geschieht genau jetzt. Was passiert, wenn du einmal tief durchatmest und deine Umgebung bewusst wahrnimmst? Der Wind auf der Haut, ein angenehmer Geruch, die Farben um dich herum - das alles ist Leben.

Meditation und Achtsamkeit können dir helfen, diesen Moment zu umarmen. Die Neurowissenschaft zeigt, dass Achtsamkeitspraxis die Struktur des Gehirns verändern und Stress reduzieren kann, was wiederum zu einem nachhaltigeren Glücksempfinden führt. Warum also nicht ausprobieren, einfach nur diesen Moment zu erleben, ohne ihn bewerten zu wollen?

Auch deine Gedanken beeinflussen dein Glück stärker, als du vielleicht glaubst. Hast du dich schon einmal selbst beim Zweifeln oder bei negativen Gedanken ertappt? Du bist nicht allein. Doch wäre es nicht befreiend, wenn du diese destruktiven Muster erkennen und durch positive, wohlwollende Gedanken ersetzen könntest? Dabei geht es nicht darum, sich die Welt schönzureden, sondern sich selbst mit Verständnis und Nachsicht zu begegnen. Statt dich für Fehler zu verurteilen, könntest du sie als Gelegenheit zum Lernen betrachten. Psychologische Studien zeigen, dass Menschen, die sich aktiv in positiver Selbstreflexion üben, resiliente Denkweisen entwickeln. Vielleicht ist das ein Ansatz, den du für dich nutzen kannst?

Glück liegt oft in den kleinen Dingen. Wann hast du das letzte Mal wirklich einen Moment der Freude gespürt? Ein wärmendes Getränk an einem kalten Tag, ein freundliches Lächeln, das du erwiderst, das Rauschen der Bäume im Wind. Diese unscheinbaren Momente haben die Kraft, dein Herz zu erfreuen. Die Wissenschaft bestätigt, dass Menschen, die solche Erfahrungen bewusst wahrnehmen und wertschätzen, nachhaltiger glücklich sind. Warum also nicht jetzt einen Moment innehalten und eine kleine Freude entdecken?

Ein weiterer entscheidender Schritt ist die Befreiung von Erwartungen. Wie oft hat dich eine unerfüllte Erwartung schon unglücklich gemacht? Hast du schon einmal darüber nachgedacht, wie viel Leichtigkeit du gewinnen würdest, wenn du einfach annimmst, was ist? Erwartungen an andere Menschen oder an bestimmte Umstände sind oft die Quelle unserer Enttäuschungen. Doch wer es schafft, loszulassen und das Leben so zu nehmen, wie es kommt, erfährt eine tiefe innere Ruhe. Die Psychologie nennt dies "psychologische Flexibilität", und sie ist eng mit einer höheren Lebenszufriedenheit verbunden. Vielleicht könnte es einen Versuch wert sein, heute einmal bewusster darauf zu achten, wo Erwartungen dich begrenzen, anstatt dir zu helfen?

Oft sind Erwartungen nichts weiter als innere Bilder, die sich mit der Realität messen müssen und dabei scheitern. Doch wer sagt, dass das, was du erwartest, wirklich das Beste für dich ist? Vielleicht gibt es andere Wege, die noch besser sind, die du aber erst erkennen kannst, wenn du aufhörst, dich an starren Vorstellungen festzuhalten. Ein flexibler Geist erlaubt dir, Chancen zu sehen, wo du sonst nur Enttäuschung wahrnehmen würdest. Die Fähigkeit, mit dem zu arbeiten, was das Leben dir gibt, anstatt gegen das zu kämpfen, was nicht eintritt, kann der Schlüssel zu einer tieferen Zufriedenheit sein.

Indem du Erwartungen loslässt, gibst du dir selbst die Freiheit, das Leben so zu nehmen, wie es ist, anstatt es ständig in eine bestimmte Form pressen zu wollen. Das bedeutet nicht, dass du keine Wünsche oder Ziele haben darfst, sondern dass du offen bleibst für das, was kommt. Manchmal bringt das Leben uns Dinge, die wir nie erwartet hätten, und genau in diesen Momenten liegt oft die größte Magie. Vielleicht ist das Glück nicht in der Erfüllung von Erwartungen zu finden, sondern im Loslassen dieser.

All diese Praktiken führen dazu, dass Glück zur Gewohnheit wird. Wie wäre es, wenn du Glück nicht mehr als Ziel, sondern als Lebensweise betrachten würdest? Wer regelmäßig an seiner inneren Haltung arbeitet, wird feststellen, dass sich eine natürliche Zufriedenheit einstellt. Die Wissenschaft bestätigt, dass Glück weniger eine Konsequenz von äußeren Erfolgen ist, sondern vielmehr das Ergebnis innerer Prozesse. Du kannst das Glück in dir selbst finden, wenn du beginnst, es bewusst zu kultivieren.

Nicht weil es glänzt, nicht weil es siegt,
nicht weil das Leben alles wiegt -
nein, grundlos, leise, ganz allein,
darf echtes Glück im Herzen sein.

Es fragt nicht: „Hast du schon erreicht?"
Es misst nicht, ob der Traum dir gleicht.
Es ist ein Lächeln ohne Grund,
ein tiefer Atem, weich und bunt.

47. Wohin mit all der Wut?

Wut ist eine der intensivsten Emotionen, die du erleben kannst. Sie kommt plötzlich, überrollt dich wie eine Welle, bringt deinen Puls zum Rasen und deine Gedanken ins Chaos. Manchmal fühlst du dich machtlos gegenüber dieser aufsteigenden Energie, manchmal würdest du am liebsten explodieren. Dieses Gefühl kann antreiben, schützen oder zerstören. Es kann dich dazu bringen, für dich selbst einzustehen - oder dich in Konflikte treiben, die du später bereust.

Viele Menschen haben gelernt, ihre Wut zu unterdrücken. Sie gilt als unhöflich, unangebracht, gefährlich. Doch was passiert, wenn du sie ignorierst? Sie verschwindet nicht einfach. Sie sucht sich andere Wege - als Groll, als Frustration oder als unterschwellige Feindseligkeit. Dabei ist sie nicht dein Feind. Vielmehr ist sie ein Signal, das dir etwas über dich selbst verrät. Wer versteht, warum er aufgebracht ist und wie er mit dieser Energie umgeht, kann sie für sich nutzen, anstatt von ihr beherrscht zu werden.

Jede Emotion ist mit einer körperlichen Reaktion verbunden, und Wut bildet hier keine Ausnahme. Sie hat eine klare Funktion: Dich in einen Zustand zu versetzen, in dem du dich verteidigen oder für deine Bedürfnisse einstehen kannst. Dein Gehirn erkennt eine Bedrohung oder eine Ungerechtigkeit, und sofort setzt eine Kettenreaktion ein. Die Amygdala - das emotionale Alarmzentrum im Gehirn - schaltet sich ein und aktiviert das sympathische Nervensystem. Dein Herzschlag beschleunigt sich, deine Muskeln spannen sich an, dein Geist fokussiert sich auf das, was dich aufregt.

Doch es gibt noch eine zweite Instanz in deinem Gehirn: den präfrontalen Kortex. Er ist für dein logisches Denken zuständig. Wenn er gut arbeitet, kann er die aufkommenden Emotionen regulieren und in Bahnen lenken. Menschen mit starker Impulskontrolle bleiben in stressigen Situationen ruhig, während andere explodieren. Es ist nicht nur eine Frage des Willens - es ist auch eine Frage der Hirnchemie. Ein niedriger Serotoninspiegel kann beispielsweise dazu führen, dass du schneller aus der Haut fährst.

Nicht jede emotionale Erregung führt zu aggressivem Verhalten. Es gibt einen wesentlichen Unterschied zwischen dem Gefühl und der Handlung. Du kannst wütend sein, ohne aggressiv zu werden. Und umgekehrt gibt es aggressive Menschen, die nicht unbedingt wütend sind. Sie nutzen ihr Verhalten bewusst, um andere zu kontrollieren oder Macht auszuüben.

Wut ist eine innere Reaktion auf eine wahrgenommene Ungerechtigkeit oder Frustration. Sie entsteht oft in Situationen, in denen du dich verletzt, übergangen oder unfair behandelt fühlst. Aggression hingegen ist eine nach außen gerichtete Handlung. Sie kann durch Wut motiviert sein, aber sie ist nicht zwingend eine direkte Folge davon. Während Wut zunächst eine natürliche emotionale Reaktion ist, erfordert Aggression eine bewusste Entscheidung oder einen Kontrollverlust.

Interessanterweise gibt es kulturelle und gesellschaftliche Unterschiede, wie Wut und Aggression wahrgenommen werden. In manchen Gesellschaften gilt es als akzeptabel, Wut offen auszudrücken, solange sie nicht in Aggression umschlägt. In anderen wird bereits das bloße Zeigen von Wut als aggressiv interpretiert. Besonders im Berufsleben oder in formellen sozialen Kontexten kann Wut als unangemessen empfunden werden, während aggressive Durchsetzungsfähigkeit in manchen Bereichen als Zeichen von Stärke und Führungskompetenz gewertet wird.

Über Jahrhunderte hinweg haben Menschen darüber nachgedacht, was diese Emotion bedeutet. In der Antike glaubte Aristoteles, dass sie eine Tugend sein kann, wenn sie im richtigen Maß eingesetzt wird. Die Stoiker hingegen sahen sie als Hindernis für klares Denken. Im Mittelalter galt sie als Todsünde - und doch war sie immer wieder Motor für Veränderungen.

Viele gesellschaftliche Fortschritte wären ohne sie nicht möglich gewesen. Die Bürgerrechtsbewegung in den USA, Frauenrechtsbewegungen oder Arbeiterkämpfe wurden oft durch kollektive Empörung über Ungerechtigkeit angetrieben. Menschen ertrugen Missstände, bis ihr Widerstand stark genug wurde, um Veränderung anzutreiben.

Doch das allein reicht nicht. Wer Veränderungen bewirken will, muss seine Wut in sinnvolles Handeln umwandeln. Die Geschichte zeigt, dass es darauf ankommt, wie sie genutzt wird: Wird sie zur Kraft für Wandel oder zur zerstörerischen Gewalt?

Psychologische Studien zeigen, dass Menschen, die ihre Wut bewusst wahrnehmen und regulieren können, seltener zu aggressivem Verhalten neigen. Wer in der Lage ist, seine Emotionen zu reflektieren und gezielt zu steuern, kann Konflikte auf eine produktive Weise lösen, anstatt impulsiv zu reagieren. Es gibt Techniken wie Achtsamkeit, kognitive Umstrukturierung oder gewaltfreie Kommunikation, die helfen können, Wut in eine klare und respektvolle Ausdrucksweise zu übersetzen.

Gleichzeitig gibt es Menschen, die wenig oder keine Wut empfinden, aber dennoch aggressive Verhaltensweisen zeigen. In solchen Fällen geht es oft nicht um emotionale Reaktion, sondern um strategisches oder manipulatives Verhalten. Diese Art von Aggression zeigt sich in Machtspielen, Einschüchterung oder gezieltem Schädigen anderer - sei es durch psychologische Manipulation oder bewusste Provokation. Während Wut häufig aus einem erlittenen Unrecht resultiert, kann Aggression auch ohne persönliche Betroffenheit eingesetzt werden, um einen Vorteil zu erlangen. Manche explodieren, schreien oder verletzen andere - verbal oder körperlich. Andere tun das Gegenteil: Sie schlucken alles herunter, bis sich die angestaute Frustration als Stress, Kopf- oder Magenschmerzen zeigt. Manche entwickeln eine passive Form des Ärgers - sie zeigen ihre Unzufriedenheit durch Ironie, Ignorieren oder kleine Sabotagen.

Ein wichtiger Aspekt ist daher die Selbstbeobachtung: Wann bist du wirklich wütend? Und wann handelst du aus einem anderen Impuls heraus? Spürst du deine Wut bewusst oder kommt sie erst in Form von Gereiztheit, Rückzug oder unterschwelliger Feindseligkeit zum Vorschein? Durch eine genauere Auseinandersetzung mit diesen Fragen kannst du lernen, zwischen Emotion und Reaktion zu unterscheiden und bewusster mit deinen Impulsen umzugehen.

Du verstehst nun also, dass das Problem nicht die Wut selbst ist, sondern wie du mit ihr umgehst. Unsere Emotionen haben alle ihren Sinn. Sie helfen uns zu erkennen, wo unsere Grenzen liegen und was uns wichtig ist. Wer lernt, mit ihnen umzugehen, kann sie als Kraftquelle nutzen, anstatt sich von ihnen steuern zu lassen.

Wie also kannst du mit deiner eigenen Wut umgehen? Es gibt Wege, sie zu nutzen, ohne von ihr übermannt zu werden:

Beobachte dich selbst. Versuche, deine Gefühle wahrzunehmen, ohne sofort zu reagieren. Was genau hat sie ausgelöst? Ist es wirklich nur die aktuelle Situation oder steckt mehr dahinter?

Nutze Bewegung. Sport, ein Spaziergang oder einfach tief durchatmen hilft, die überschüssige Energie abzubauen.

Lerne, deine Emotionen zu kommunizieren. Anstatt impulsiv zu schreien oder dich zurückzuziehen, versuche, deine Gefühle in Worte zu fassen: „Ich fühle mich verletzt, wenn…" anstatt „Du bist so unfair!"

Schreibe sie auf. Ein Tagebuch kann helfen, Muster zu erkennen und Lösungen zu finden.

48. Über den Wert eines Ehrenamtes

Hast du dich schon einmal gefragt, was deinem Leben wirklich Tiefe und Erfüllung verleiht? Was bleibt, wenn all die äußeren Erfolge verblassen und der Alltag zur Routine wird? Vielleicht kennst du dieses Gefühl: Du funktionierst, erledigst deine Aufgaben, erreichst deine Ziele - und doch spürst du eine innere Leere. Eine leise Stimme in dir fragt, ob es nicht mehr geben muss als das. Mehr Bedeutung, mehr Verbindung, mehr Sinn. Wenn du dich darin wiedererkennst, bist du nicht allein. Viele Menschen suchen nach etwas, das über sie selbst hinausgeht. Ehrenamtliches Engagement kann genau diese Lücke füllen.

Vielleicht denkst du jetzt: „Ich habe doch schon genug um die Ohren. Arbeit, Familie, Freunde - wie soll ich da noch Zeit finden, mich für andere einzusetzen?" Eine berechtigte Frage. Doch vielleicht lohnt es sich, sie umzudrehen: Was, wenn genau dieses Engagement dir Kraft gibt, statt dich zusätzlich zu belasten? Was, wenn du dadurch nicht weniger, sondern mehr bekommst? Mehr Sinn, mehr Freude, mehr Verbundenheit?

Studien belegen, dass Menschen, die sich ehrenamtlich engagieren, glücklicher und zufriedener sind. Eine großangelegte Untersuchung der Harvard T.H. Chan School of Public Health kam zu dem Ergebnis, dass Ehrenamtliche nicht nur ein gesteigertes Wohlbefinden empfinden, sondern auch seltener an Depressionen leiden und eine höhere Lebenserwartung haben. Eine andere Studie der Carnegie Mellon University zeigt, dass Menschen, die regelmäßig ehrenamtlich tätig sind, ein stärkeres Immunsystem haben und gesundheitlich belastbarer sind. Auch das Deutsche Zentrum für Altersfragen fand in einer Langzeitstudie heraus, dass ältere Menschen, die sich engagieren, im Durchschnitt länger leben und geistig aktiver bleiben.

Aber warum ist das so? Was macht ehrenamtliches Engagement mit uns? Wenn du dich für eine Sache einsetzt, die über deine persönlichen Interessen hinausgeht, erlebst du eine tiefe Form der Sinnhaftigkeit. Du wirst gebraucht. Dein Wissen, deine Fähigkeiten, deine Zeit - sie machen einen Unterschied. Es gibt wenig, was so erfüllend ist, wie das Wissen, etwas zum Wohl anderer beigetragen zu haben. Egal, ob du in einem sozialen Projekt mitarbeitest, dich in der Nachbarschaftshilfe engagierst, Tieren in Not hilfst oder dich für Umwelt- und Klimaschutz einsetzt - du wirst spüren, dass dein Tun Bedeutung hat.

Und genau diese Bedeutung ist es, die so vielen Menschen in ihrem Alltag fehlt. Arbeit kann anstrengend und belastend sein, oft dominiert von Leistungsdruck und Konkurrenz. Im Privatleben stehen viele unter Stress, versuchen, allen Erwartungen gerecht zu werden. In einer Welt, in der Effizienz, Profit und persönliche Vorteile oft im Mittelpunkt stehen, wird es immer schwieriger, Momente zu erleben, in denen es nicht um Gewinn oder Erfolg geht, sondern einfach um Menschlichkeit. Ehrenamtliches Engagement durchbricht diese Dynamik. Hier geht es nicht darum, was du bekommst, sondern was du gibst - und genau das macht den Unterschied.

Vielleicht hast du Angst, dich zu binden. Vielleicht denkst du, dass du nicht genug Zeit hast oder dass dein Beitrag zu klein ist, um wirklich etwas zu bewirken. Doch das Schöne am Ehrenamt ist: Jeder kann etwas tun. Es muss nicht die große Verpflichtung sein, nicht die wöchentliche Fixverabredung. Es reicht, irgendwo anzufangen. Vielleicht ein Gespräch mit einer einsamen älteren Person. Vielleicht ein Nachmittag in einer Suppenküche. Vielleicht eine Stunde pro Woche für eine Organisation, die dir am Herzen liegt. Was du schnell merken wirst: Du bekommst so viel zurück. Die Dankbarkeit in den Augen eines Menschen, für den du da warst, ohne eine Gegenleistung zu erwarten. Die Freude, Teil einer Gemeinschaft zu sein, die etwas bewegt. Die Erkenntnis, dass du mit deinem Tun etwas in der Welt veränderst - auch wenn es nur im Kleinen ist.

Wenn du dich engagierst, wirst du wachsen. Du wirst dich selbst auf eine neue Weise kennenlernen, Fähigkeiten entdecken, die dir vielleicht nicht bewusst waren. Du wirst neue Perspektiven gewinnen, deinen Horizont erweitern und lernen, anders auf das Leben zu blicken. Das Ehrenamt bringt dich mit Menschen in Kontakt, die du sonst vielleicht nie getroffen hättest. Es konfrontiert dich mit Herausforderungen, die dich fordern, aber auch bereichern.

Viele Menschen berichten, dass sie durch ihr ehrenamtliches Engagement nicht nur anderen geholfen, sondern sich selbst gefunden haben. Dass sie gelernt haben, was wirklich zählt. Dass sie sich lebendiger fühlen, präsenter, zufriedener. Vielleicht kennst du diesen Effekt aus anderen Bereichen: Wenn du jemandem aus tiefstem Herzen hilfst, fühlst du dich selbst stärker. Wenn du anderen etwas gibst, spürst du, dass du selbst reicher wirst.

Natürlich bedeutet ehrenamtliches Engagement nicht, dass du deine eigenen Bedürfnisse vernachlässigen sollst. Es geht nicht darum, sich selbst aufzuopfern. Ganz im Gegenteil: Es geht darum, das Gleichgewicht zu finden. Zu erkennen, dass wir nicht nur für uns selbst leben, sondern dass unsere tiefste Erfüllung oft darin liegt, für andere da zu sein.

Vielleicht denkst du jetzt: „Ja, das klingt schön - aber ist das wirklich etwas für mich?" Ich lade dich ein, es einfach auszuprobieren. Schau dich um, welche Möglichkeiten es gibt. Frag dich: Was berührt mich? Wo kann ich mit meinen Fähigkeiten und meiner Zeit einen Unterschied machen? Und dann mach den ersten Schritt.

Denn am Ende geht es nicht darum, was wir besitzen oder erreichen. Es geht darum, was wir hinterlassen. Welche Spuren wir in den Herzen anderer hinterlassen. Welche Geschichten über uns erzählt werden, wenn wir nicht mehr da sind. Und es geht um das Gefühl, am Ende des Tages sagen zu können: „Heute habe ich etwas getan, das zählt."

Vielleicht ist genau das der Schlüssel zu einem erfüllten Leben. Und vielleicht liegt die Antwort auf die Frage nach dem Sinn gar nicht so sehr in großen Theorien oder komplizierten Erklärungen - sondern ganz einfach in dem Moment, in dem du einem anderen Menschen hilfst und spürst: Das war richtig. Das war wichtig. Das war sinnvoll.

49. Die Kraft der Löwin in dir

Stell dir eine Löwin vor. Sie ruht in der Sonne, die Augen halb geschlossen, ihr Atem ruhig. Doch in jeder Faser ihres Körpers steckt eine kraftvolle Wachsamkeit. Sie kennt ihren Wert, weiß, dass sie nicht ständig kämpfen muss, um ihn zu beweisen. Und doch, wenn es darauf ankommt, ist sie da - entschlossen, stark, kompromisslos in ihrem Schutz für sich selbst und ihr Rudel.

Das Wort „Narzissmus" hat oft einen negativen Klang. Es wird mit Egoismus, Rücksichtslosigkeit und Selbstverliebtheit gleichgesetzt. Doch es gibt eine andere Seite: den gesunden Narzissmus. Er ist kein Zeichen von Arroganz, sondern von Selbstachtung. Kein Zeichen von Geltungssucht, sondern von Selbstbewusstsein. Es geht darum, sich seines Wertes bewusst zu sein, ohne dabei andere zu erniedrigen.

Viele Menschen neigen dazu, sich selbst zu vernachlässigen. Sie stellen die Bedürfnisse anderer über ihre eigenen, vermeiden es, im Mittelpunkt zu stehen, oder fühlen sich unwohl, wenn sie Anerkennung bekommen. Oft steckt dahinter die Angst, egoistisch zu wirken. Doch wahre Selbstliebe ist kein Egoismus. Wer sich selbst wertschätzt, kann anderen aufrichtig begegnen, ohne sich selbst kleinzumachen.

Denk an die Löwin zurück. Sie wartet nicht darauf, dass jemand ihr erlaubt, ihren Platz einzunehmen. Sie weiß, dass sie es wert ist. Und sie hat keine Angst davor, sich das zu nehmen, was ihr zusteht - Nahrung, Raum, Respekt. Das bedeutet nicht, dass sie rücksichtslos ist. Im Gegenteil: Sie achtet auf ihr Rudel, aber sie opfert sich nicht auf. Denn eine geschwächte Löwin kann niemandem helfen. Genauso ist es mit dir. Du kannst nur dann für andere da sein, wenn du auch für dich selbst sorgst.

Selbstbewusstsein wird oft missverstanden. Manche halten es für Überheblichkeit oder für ein Zeichen von Egoismus. Doch dazwischen gibt es einen gewaltigen Unterschied. Menschen mit gesundem Narzissmus fühlen sich nicht bedroht, wenn andere glänzen. Sie können Lob annehmen, ohne sich dafür zu schämen, und Kritik hören, ohne daran zu zerbrechen. Sie haben ein starkes Rückgrat, aber kein überhöhtes Ego. Sie gehen aufrecht durchs Leben, ohne über andere hinwegzutrampeln.

Es gibt einen feinen, aber entscheidenden Unterschied zwischen „Ich bin der Beste" und „Ich bin gut genug". Der erste Satz drängt andere in den Schatten. Der zweite Satz ist eine stille, innere Gewissheit. Viele sind darauf trainiert worden, sich eher kleinzumachen als groß. Bescheidenheit gilt als Tugend, und ja, es ist angenehm, wenn Menschen nicht ständig im Mittelpunkt stehen wollen. Doch wahre Bescheidenheit bedeutet nicht, sich zu verstecken. Sie bedeutet, sich seines Wertes bewusst zu sein, ohne ihn ständig beweisen zu müssen. Manchmal hilft ein Perspektivwechsel. Stell dir vor, du würdest mit einer guten Freundin oder einem guten Freund sprechen. Würdest du zu dieser Person sagen: „Du bist nicht wichtig. Deine Bedürfnisse zählen nicht. Du solltest dich mehr anstrengen, um geliebt zu werden"? Sicher nicht. Warum also redest du so mit dir selbst?

Ein gesunder Narzissmus erlaubt es dir, stolz auf dich zu sein. Er lässt dich deine Erfolge genießen, anstatt sie herunterzuspielen. Er hilft dir, „Nein" zu sagen, wenn es nötig ist, und „Ja" zu dir selbst zu sagen. Und vor allem schützt er dich davor, in Beziehungen zu geraten, die dir nicht guttun - sei es im Job, in der Familie oder in der Liebe.

Den eigenen Selbstwert zu erkennen, ist ein Prozess. Er beginnt damit, die eigenen Bedürfnisse nicht mehr reflexartig hintenanzustellen. Er verlangt, Grenzen zu setzen, ohne sich dafür schuldig zu fühlen. Und er zeigt sich in der Fähigkeit, Komplimente anzunehmen, ohne sie sofort abzuschwächen.

Es gibt einen Punkt, an dem du für dich entscheiden musst: Willst du weiterhin versuchen, Erwartungen zu erfüllen, die dich kleinhalten? Oder willst du deine eigene Stärke anerkennen, unabhängig davon, was andere sagen? Niemand kann dir das abnehmen. Aber du kannst lernen, auf deine innere Stimme zu hören und ihr mehr zu vertrauen als den Meinungen von außen.

Je mehr du dich mit dir selbst versöhnst, desto weniger wirst du nach Bestätigung suchen, die von außen kommt. Du wirst nicht mehr auf jedes Lob angewiesen sein, um dich wertvoll zu fühlen, und nicht mehr von jeder Kritik verunsichert werden. Dein Wert steht fest - nicht, weil andere ihn anerkennen, sondern weil du ihn kennst.

Es ist eine spannende Reise, sich selbst mit mehr Wertschätzung zu begegnen. Am Anfang fühlt es sich ungewohnt an, vielleicht sogar unbequem. Doch je öfter du dich für dich selbst einsetzt, desto natürlicher wird es sich anfühlen. Es geht nicht darum, über andere hinauszuwachsen. Es geht darum, endlich in deiner eigenen Größe anzukommen.

Schau noch einmal auf die Löwin. Sie ist nicht die größte Jägerin der Savanne, nicht die schnellste, nicht die stärkste. Aber sie ist eine Kämpferin. Sie weiß, wann es Zeit ist zu handeln und wann es Zeit ist zu ruhen. Sie wartet nicht darauf, dass jemand sie rettet. Sie rettet sich selbst - und manchmal auch andere.

So wie die Löwin darfst auch du deinen Platz einnehmen. Ohne Angst, ohne Scham, ohne die ständige Sorge, ob du anderen zu viel bist. Denn du bist genau richtig, so wie du bist.

50. Wege aus der spirituellen Langeweile

Unsere moderne Welt ist voller Ablenkungen. Es gibt ständig etwas zu tun, zu konsumieren, zu erreichen. Doch genau das kann uns paradoxerweise von uns selbst entfremden. Wir leben in einer Gesellschaft, die uns suggeriert, dass wahres Glück in materiellem Erfolg liegt. Mehr besitzen, mehr erleben, mehr erreichen - doch trotz all des „Mehr" bleibt oft ein Gefühl der Leere. Auch die ständige Verfügbarkeit von Unterhaltung und Informationen trägt dazu bei, dass wir kaum noch Zeit in echter Stille verbringen. Stille, die uns helfen könnte, uns selbst wieder zu spüren. Stattdessen sind wir permanent von äußeren Reizen umgeben und gewöhnen uns daran, uns abzulenken, sobald Langeweile oder unangenehme Gedanken auftauchen. Doch genau da beginnt das Problem: Wer sich nie mit seinen eigenen inneren Bedürfnissen auseinandersetzt, verliert die Verbindung zu sich selbst.

Vielleicht hast du selbst schon erlebt, dass dein Alltag sich anfühlt wie eine endlose Wiederholung der immer gleichen Routinen. Du funktionierst, erledigst deine Aufgaben, triffst vielleicht sogar Freunde, aber am Ende des Tages bleibt dieses nagende Gefühl: War das schon alles? Vielleicht suchst du immer wieder nach neuen Reizen, nach dem nächsten Projekt, nach der nächsten Reise, in der Hoffnung, dass es endlich diese innere Leere füllt. Doch der Effekt hält nur kurz an, und nach einiger Zeit kehrt das Gefühl zurück.

Aber genau hier liegt eine Chance - eine Einladung, genauer hinzusehen. Spirituelle Langeweile ist nicht einfach ein Defekt oder ein Zeichen von persönlichem

Versagen. Sie ist eine Botschaft. Ein Ruf, der dir sagt, dass dein jetziges Leben nicht alles sein kann. Und je stärker dieses Gefühl wird, desto deutlicher zeigt es dir, dass du etwas verändern solltest. Vielleicht hast du es lange ignoriert, vielleicht hast du es weggeschoben oder versucht, es mit Ablenkungen zu übertönen. Doch irgendwann wird es so laut, dass du nicht mehr daran vorbeikommst. Und das ist kein Problem, sondern eine unglaubliche Möglichkeit.

Psychologisch gesehen entsteht Langeweile oft dann, wenn das, was wir tun, nicht mit unseren tieferen Bedürfnissen und Werten übereinstimmt. Das Gehirn sucht nach Stimulation, nach neuen Herausforderungen, nach Sinn. Wenn diese fehlen, fühlt sich der Mensch innerlich leer. Besonders spannend ist, dass spirituelle Langeweile auch ein Zeichen für Entwicklung sein kann. In der Psychologie spricht man von Phasen der „disorienting dilemma", also Momenten der Verunsicherung, die jedoch der erste Schritt zu tiefgreifender persönlicher Veränderung sein können. Wer sich mit seiner inneren Leere auseinandersetzt, steht oft an der Schwelle zu etwas Neuem. Die Frage ist: Ergreifst du die Möglichkeit oder weichst du zurück?

Der erste Schritt kann darin bestehen, sich bewusst Momente der Stille zu erlauben. Wann hast du das letzte Mal einfach nur dagestanden, geatmet, ohne Ablenkung? Es mag anfangs ungewohnt sein, vielleicht sogar unangenehm, weil sich dann all die ungeklärten Fragen in deinem Kopf melden. Aber genau in diesen Momenten kannst du beginnen, dich selbst wieder wahrzunehmen.

Eine wichtige Frage auf diesem Weg ist: Was gibt deinem Leben Sinn? Und das ist keine Frage, die andere für dich beantworten können. Es geht nicht darum, was gesellschaftlich als sinnvoll gilt, sondern was dich persönlich berührt, was dich mit Energie füllt. Wann vergisst du die Zeit? Was hat dich als Kind begeistert? Welche Momente in deinem Leben haben dich wirklich erfüllt? Die Antworten darauf können Hinweise darauf sein, was deinem Leben Tiefe geben kann.

Manchmal liegt die Lösung nicht darin, noch mehr zu tun, sondern innezuhalten. In einer Gesellschaft, die immer nach vorne drängt, die immer das „Nächste" erwartet, ist es fast revolutionär, einfach nur zu sein. Das bedeutet nicht Stillstand, sondern eine bewusste Entscheidung, das eigene Leben nicht mit Belanglosigkeiten zu füllen, sondern es aus einer tieferen Überzeugung heraus zu gestalten.

Oft verharren wir in Strukturen, die uns nicht wirklich guttun, nur weil sie von uns erwartet werden oder weil wir sie gewohnt sind. Doch wer sagt, dass du den immer gleichen Weg weitergehen musst? Vielleicht ist es an der Zeit, Dinge in deinem Leben zu hinterfragen. Nicht jeder Mensch wird durch Karriere oder finanziellen Erfolg glücklich. Nicht jeder muss einem vorgegebenen Lebensmodell folgen. Vielleicht ist das, was du brauchst, weniger Leistung und mehr Kreativität. Weniger Perfektionismus und mehr Hingabe. Weniger Planen und mehr einfaches Erleben.

Ein Weg aus der spirituellen Langeweile kann auch sein, sich bewusst kleine Rituale zu schaffen, die dich mit dir selbst verbinden. Vielleicht hilft dir eine kurze

Meditation am Morgen, ein Spaziergang in der Natur oder das Aufschreiben deiner Gedanken. Manchmal reicht es schon, am Abend drei Dinge aufzuschreiben, für die du dankbar bist, um den Blickwinkel auf das Leben zu verändern. Was auch immer es ist - finde etwas, das dir einen Anker gibt und dich aus dem Gefühl der Sinnlosigkeit herausholt.

Auch die Menschen, mit denen du dich umgibst, spielen eine große Rolle. Es gibt Begegnungen, die inspirieren, und solche, die auslaugen. In einer Welt voller oberflächlicher Verbindungen ist es wichtig, sich bewusst Zeit für echte Gespräche zu nehmen. Zeit für Menschen, die ähnliche Werte haben, die dich zum Nachdenken bringen, mit denen du wirklich über das Leben sprechen kannst. Wir sind soziale Wesen, und oft liegt der Schlüssel zu einem erfüllteren Leben in echten, tiefgehenden Verbindungen.

Manchmal hilft es auch, den Blick über das eigene Ego hinaus zu weiten. Das bedeutet nicht zwangsläufig, dass du religiös sein musst, sondern dass du nach etwas suchst, das größer ist als du selbst. Vielleicht findest du das in der Natur, in Kunst, in Musik oder in der Unterstützung anderer Menschen. Das Gefühl, Teil eines größeren Ganzen zu sein, kann eine tiefe Erfüllung bringen, die weit über materiellen Besitz oder kurzfristige Erfolge hinausgeht.

Letztlich ist spirituelle Langeweile kein Zustand, den du fürchten musst. Sie ist eine Einladung, eine Aufforderung zur Veränderung. Sie zeigt dir, dass du bereit bist, tiefer zu gehen, dich mit deinem Inneren auseinanderzusetzen und dein Leben bewusster zu gestalten. Das erfordert Mut, denn es bedeutet, sich ehrlich mit den eigenen Ängsten und Sehnsüchten auseinanderzusetzen. Doch es ist auch eine einmalige Gelegenheit: eine Chance, dein Leben nicht einfach nur zu durchlaufen, sondern es wirklich zu leben.

Die gute Nachricht ist: Du kannst dich auf den Weg machen. Es gibt keinen richtigen oder falschen Weg, sondern nur deinen eigenen. Der einzige Fehler wäre, dieses Gefühl der Leere einfach zu ignorieren und so weiterzumachen wie bisher. Also, sei neugierig, stelle dir die wichtigen Fragen, probiere Neues aus. Dein Leben kann viel mehr sein als ein bloßes Funktionieren - es kann erfüllt sein. Und der erste Schritt beginnt genau jetzt.

Dein Leben wartet!

Du hast nun 50 Impulse kennengelernt, die dich auf deinem Weg zu einem gelingenden Leben begleiten können. Doch bevor du das Buch zuschlägst und wieder in den Alltag eintauchst, lade ich dich ein, innezuhalten und das Wesentliche noch einmal zu betrachten. Was bleibt, wenn du all die Impulse, Gedanken und Anregungen auf ihren Kern reduzierst? Was macht ein erfülltes Leben wirklich aus? Lass uns gemeinsam die Prinzipien reflektieren, die den Boden für nachhaltige Veränderung, für mehr Zufriedenheit und innere Stärke bereiten.

Alles beginnt mit Selbstannahme und Selbstakzeptanz. Du bist, wer du bist - mit all deinen Stärken, deinen Schwächen, deinen Erfolgen und deinen Fehlern. Das bedeutet nicht, dass du dich nicht weiterentwickeln sollst, aber es bedeutet, dass du aufhörst, gegen dich selbst zu kämpfen. Akzeptanz ist kein Stillstand, sondern der erste Schritt zu jeder Veränderung. Nur wenn du dich selbst annehmen kannst, kannst du mit dir arbeiten, statt dich selbst zu sabotieren. Vielleicht gibt es Seiten an dir, die du lieber verstecken würdest, vielleicht trägst du alte Fehler mit dir herum - doch je mehr du dich dagegen wehrst, desto schwerer wird es, in deinem Leben voranzukommen. Selbstannahme heißt, Frieden mit dir zu schließen, dich nicht länger zu verurteilen, sondern mit Mitgefühl auf dich zu blicken. Stell dir vor, du wärst dein eigener bester Freund. Wie würdest du dich behandeln?

Doch Akzeptanz allein genügt nicht - du brauchst eine Zukunftsorientierung. Die Vergangenheit kann dich lehren, aber sie darf dich nicht fesseln. Was geschehen ist, kannst du nicht mehr ändern - aber du kannst beeinflussen, was du aus dem Hier und Jetzt machst. Dein Blick sollte nach vorn gerichtet sein, nicht zurück. Frage dich: Welche Entscheidungen kannst du heute treffen, um dein Morgen positiv zu gestalten? Welche kleinen Schritte bringen dich deinen Zielen näher? Auch wenn du in alten Mustern festgesteckt hast, bedeutet das nicht, dass du für immer in ihnen bleiben musst. Veränderung beginnt in dem Moment, in dem du dich entscheidest, Verantwortung für dein Leben zu übernehmen. Diese Haltung braucht Optimismus. Und damit ist nicht die naive Vorstellung gemeint, dass alles immer gut wird, sondern die Überzeugung, dass du die Kraft hast, aus allem das Beste zu machen. Dein Denken formt deine Realität. Wenn du dich darauf konzentrierst, was alles schiefgehen könnte, wird dein Blick für Chancen getrübt. Wenn du aber bewusst nach Lösungen suchst, wirst du Möglichkeiten erkennen, die anderen verborgen bleiben. Optimismus bedeutet nicht, Probleme zu ignorieren, sondern ihnen mit einer Haltung der Zuversicht zu begegnen. Eine entscheidende Frage, die du dir immer wieder stellen kannst: „Was liegt in meiner Macht?" Selbst wenn du nicht alles kontrollieren kannst - dein Handeln, deine Gedanken und deine Reaktion auf das Leben gehören dir.

Das Leben bleibt nicht stehen. Veränderung ist unvermeidlich. Die Frage ist nur, ob du dich ihr verweigerst oder ob du bereit bist, sie aktiv zu gestalten. Bereitschaft zur Veränderung ist eine der wichtigsten

Eigenschaften für ein gelingendes Leben. Sie bedeutet, den Mut zu haben, neue Wege zu gehen, auch wenn sie unbekannt und unbequem sind. Wer sich immer nur innerhalb seiner Komfortzone bewegt, bleibt in einem begrenzten Leben stecken. Veränderung kann Angst machen - aber sie kann auch eine Tür zu einer Version von dir öffnen, die du dir heute noch nicht einmal vorstellen kannst. Und ja, Veränderung beinhaltet das Risiko des Scheiterns. Aber weißt du, was ein noch größeres Risiko ist? Ein Leben zu führen, das nicht wirklich dein eigenes ist.

Doch ein erfülltes Leben besteht nicht nur aus innerem Wachstum, sondern auch aus den Beziehungen, die du führst. Empathie und Kongruenz sind zentrale Säulen eines zufriedenen, authentischen Lebens. Empathie bedeutet, wirklich hinzuhören, Menschen in ihrer Tiefe wahrzunehmen und ihre Gefühle nicht vorschnell zu bewerten. Sie ermöglicht dir, Verbindungen zu schaffen, die über Oberflächlichkeiten hinausgehen. Doch Empathie allein reicht nicht - sie muss mit Kongruenz verbunden sein. Kongruenz bedeutet, echt zu sein. Dich nicht zu verstellen, sondern deine Worte, Gefühle und Taten in Einklang zu bringen. Authentizität schafft Vertrauen - zu dir selbst und in deinen Beziehungen. Frage dich: Wie oft sagst du das, was du wirklich meinst? Wie oft handelst du so, wie du es tief in dir für richtig hältst?

Ein weiterer wichtiger Aspekt für ein erfülltes Leben ist die Fähigkeit, dankbar zu sein. Dankbarkeit ist nicht nur ein Gefühl - sie ist eine Praxis. Sie bedeutet, den Fokus bewusst auf das zu richten, was bereits da ist, anstatt nur auf das, was noch fehlt. Menschen, die Dankbarkeit kultivieren, erleben nachweislich mehr Glück und Zufriedenheit. Sie erkennen, dass selbst in schwierigen Zeiten etwas Positives existiert. Jeden Tag gibt es etwas, für das du dankbar sein kannst - manchmal sind es kleine Dinge, ein freundliches Lächeln, ein Moment der Ruhe, eine Erkenntnis, die dich weiterbringt.

Und schließlich: Geduld und Vertrauen. Veränderungen brauchen Zeit. Wachstum geschieht nicht über Nacht. Sei geduldig mit dir selbst, erlaube dir, Fehler zu machen, und gib dir die Chance, zu lernen. Vertraue darauf, dass das Leben sich entfaltet, auch wenn du nicht immer sofort siehst, wohin der Weg führt. Die besten Dinge im Leben brauchen Zeit - und dein Weg ist einzigartig. Lass dich nicht entmutigen, wenn Fortschritte langsam erscheinen. Jeder Schritt, den du bewusst gehst, zählt.

Nun bleibt nur eine letzte Frage: Was machst du mit all diesen Gedanken? Dieses Buch ist kein Zauberstab, der dein Leben über Nacht verändert. Aber es kann eine Einladung sein, bewusster zu leben, klarer zu denken und mutiger zu handeln. Die Impulse sind Impulse - sie entfalten ihre Wirkung nur, wenn du sie in dein Leben integrierst. Vielleicht nicht alle auf einmal, vielleicht nicht perfekt. Aber jeder kleine Schritt zählt. Jeder Moment der Selbstannahme, jedes bewusste Neuausrichten deiner Gedanken, jede Entscheidung für Offenheit statt Angst, jede Geste der Empathie - all das formt dein Leben.

Und so entlasse ich dich mit einem Gedanken: Du bist der Gestalter deines Lebens. Du hast mehr Einfluss, als du vielleicht glaubst. Also warte nicht darauf, dass sich alles von selbst regelt. Werde aktiv. Triff Entscheidungen. Wachse an deinen Herausforderungen. Und erinnere dich immer daran: Ein gelingendes Leben ist kein Ziel, das du eines Tages erreichst - es ist ein Weg, den du jeden Tag aufs Neue gestaltest.

Mach dich auf den Weg. Dein Leben wartet auf dich.